陪伴

讓迷途孩子喜歡學習
的新思維課程

目次

1 推薦名錄

010　讓這個世界公平一點的良師
　　　洪蘭

014　中途班創意課程──為孩子們預備生涯錦囊
　　　曾端真

016　俠客老師菩薩行
　　　釋覺培

019　打破框架的教育思維──陪伴孩子好好長大
　　　王雯華

022　真正的教育俠客
　　　蔡淇華

025　幫助學生找到亮點與舞台的教師
　　　黃柏嘉

027　失望與氣餒的孩子們，能重拾改變的勇氣
　　　許飆珍

2 | 聯合推薦
（按姓名筆畫順序）

王玉珍教授（師範大學）
王雯華校長（新北安溪國中）
王傳燉校長（桃園武漢國中）
王玥（第 40 屆金鐘影后）
日卡・比洛校長（臺東馬蘭國小）
白玉鈴校長（臺北雙園國中）
吳長頴校長（嘉義北園國小）
李文義校長（桃園會稽國中）
何盈儒董事長（馬卡諦冰淇淋創辦人）
林武龍校長（新北三峽國中）
林錫恩校長（新北屈尺國小）
林峻丞執行長（甘樂文創）
施青珍校長（新北義學國中）
侯怡如校長（嘉義嘉北國小）
孫頌賢教授（國北教大）
張雨霖助理教授（師範大學）
張蔚雯校長（新竹南華國中）
張秀梅校長（宜蘭宜蘭國中）
陳採卿校長（臺北龍門國中）
陳明君校長（嘉義大業實中）
陳建銘校長（嘉義蘭潭國中）
許美珠校長（雲林大埤國中）
許淑春校長（南投北山國中）
黃麗米校長（桃園石門國中）
黃美娟校長（新北新泰國中）
董耀琮理事長（新北家長協會）
廖炳煌董事長（外展教育基金會）
蔡依倫校長（新北教育局）
劉台光校長（新北教育局督學）
劉芹樺校長（臺中潭子國中）
謝宜岑校長（嘉義北園國中）
魏秀蓮校長（桃園忠貞國小）

3 | 創意課程緣由

042 — 045

4 | 創意課程規劃理念與準備

048　課程設計精神：服務與學習
050　教師的自我成長：尋找正向力量
056　教與學：引導與陪伴
060　前置作業：預備引發孩子學習動力的課程

5 | 中途班教育課程實錄

體能類課程　　　　　　　　　080
　找回平靜與單純的心　　　　080
　面對挫折的勇氣　　　　　　092
　創造成功經驗　　　　　　　097
　學習合作與共好　　　　　　101
　開展自我　　　　　　　　　110
　體驗服務活動　　　　　　　114

才藝類課程 — 118
創造潛能發揮的舞台 — 118

服務類課程 — 123
人與人的連結 — 123
社群情懷的力量 — 127
對生命與環境的尊重 — 131
感恩情懷 — 135

美感藝術類課程 — 138
裝置藝術與花廊 — 138
學校閒置空間再造 — 144
峽藝空間錄音室誕生 — 150

技藝類課程 — 158
一張蔥油餅激發出孩子自信心與良好師生互動 — 158
漫長的過程中學習等待與耐力 — 166
小畢旅希望,越來越靠近 — 171
澎湖我們來啦! — 177

6 發掘孩子們生命中的珍珠

- 186 慧眼識優點
- 194 驅走孩子們的無助感
- 211 沒有被命運擊倒的孩子
- 211 沉重的 15 歲
- 214 蘋果妹妹的成功
- 217 需要加油的冠哥
- 219 學生教會老師
- 226 傾聽孩子內心故事

7 中途班教育瓶頸與突破之道

- 234 中途班教育課程實作經驗回顧
- 241 中途班導師在校園中的困境
- 245 從交流中找尋支持力量
- 248 學習與孩子一起生活

8 | 中途班教育課程的成果見證：創造職涯之門

- 254 為孩子未來種下希望
- 260 從全能清潔王課程開始說起
- 261 峽客清潔王創立
- 264 當老師變成老闆
- 268 不同角色一樣煩惱
- 271 為孩子做好示範
- 274 溫和而堅定的訓練
- 276 峽客生命關懷公益活動
- 278 顧客們回饋與鼓勵

9 | 後記

- 兩位老師的故事　284
- 老師也是人──中途班導師與國文老師角色間的平衡　290
- 學養，從來不會因轉換跑道而無所用處　290
- 學習將複雜事情變簡單　292
- 帶這群孩子「慢」就會「快」　293
- 美麗的發現　294

10 | 參考書目

298 — 299

推薦名錄

01

陪伴 讓迷途孩子喜歡學習
的新思維課程

讓這個世界公平一點的良師

臺大學士　加州大學實驗心理學博士
洪蘭

　　60年前，我在大學上政治學導論時，老師說：「理想的公平是讓每一個人都在同樣的立足點上競爭，在同樣的起跑線上賽跑。」但現實上，這是不可能的，河水深4呎，雖然對每個人都是4呎，但身高6呎的人毫不困難的過了河，而身高4呎的人卻會滅頂。人不能選父母，不能選出生地，因此真正的「文明人」便是要從後天去補救這個先天的不公平。60年後，我看到了很多像劉遵恕、徐力偉老師這樣的「文明人」，默默地盡他們之力使這個世界公平一點。

　　在實施九年義務教育且普遍設立學校後，臺灣偏鄉的弱勢孩子最大問題不在沒有書讀，而是在啟蒙時，沒有跟上學校的進度，又沒有人及時幫他們把這個差距補上，使他們產生學習的挫折感。加上學校實施分數至上的打罵教育，讓學生視上學為畏途。當一個孩子對學習沒有成就感，對自己沒有信心，每天被老師或父母非打即罵時，他自然會選擇逃學，加入對他表達善意的黑道，成為社會的邊緣人。從這本書中看到，他們一點也不笨，也不是不能學，而是沒有碰到像劉、徐老師這樣的貴人，他們是

當前扭曲的教育政策和社會歧視下的犧牲者。

教育從來不是立竿見影之事，它必須從收穫中看耕耘是否正確。從青少年的研究中得知，孩子最受傷的是沒有人愛，沒有人在乎他，而無奈的是，他並沒有為非作歹，只是因為成績不好，在別人眼中（包括他自己的父母）是個壞學生。這些被貼上標籤的孩子一旦自暴自棄，便不再上學了。說起來這一切真是大人的錯，是我們大人在媳婦熬成婆後，又去虐待媳婦。真不懂，難道我們忘了自己小時候被老師打，被罰站的屈辱了嗎？為什麼又去重蹈覆轍呢？人是多麼的健忘啊！

我曾經懷疑，為什麼學生對不喜歡的老師所教的科目上，怎麼學都學不進去？後來看到下面這個實驗，便了解了其中原因。

實驗者給大學生看一串生字，在每個字出現後，銀幕上出現「記住」或「忘記」的標籤，一半的大學生留在實驗室午睡，另一半保持清醒，晚上6點再請他們來實驗室寫出所有的字。結果發現只有睡了午覺的人記憶較好，不但該記的字很多，還避開了不該記的字；而沒有睡午覺的同學記憶不好，寫出很多是該忘記的字。

這表示學習是主動的，我們在記憶訊息時，就加了標籤。學生若喜歡老師，他會記住老師說的每一個字，若討厭老師，老師的話便像耳邊風，就算好不容易進入了大腦，潛意識（睡眠時）還是會把它刪除。教學要成功，師生關係一定要好，而做好這個關係很簡單，多對孩子笑，獎勵他的長處，包容他的短處，自然

收到孩子的心了。

亞洲國家的父母常常會打孩子，我小時候聽到「陰天打孩子，閒著也是閒著」這句話時，就會感到非常生氣。難道孩子就是為了讓大人發洩情緒而存在的嗎？其實，從猴子的實驗可以看到「受虐兒長大後容易變成施虐者」。根據研究3歲時，每個月被打過一次以上的孩子，到5歲時，他們打人的機率比沒有被打過的孩子高兩倍以上。這說明打小孩並不能改善他的行為，反而使他更去做壞事。那麼，當孩子犯錯時，應該怎麼辦呢？對於3歲以下的幼兒，當他們犯錯時不必打或責罵，而是可以重做一次給他們看即可。因為當孩子出生時，他們大腦中的鏡像神經元就開始運作，模仿成為他們學習最基本的方式之一。模仿是內隱的學習，也是動物最原始的學習方式，不必特別教導，孩子只需要看就能學會。而對於3歲以上的孩子，則要讓他們知道他們壞行為的後果，所有的動物一旦知道後果的嚴重性（如「一次學習」），就不敢再做，何況人類。

明朝憨山大師說：「長中取短則無完人，短中取長則無棄人。」愛因斯坦也說：「只要放對了niche，每個人都是天才。」學習的本質是建構外在世界的內在模式，而犯錯本是學習的一部分。學生來學校的目的是學習，而不是來求完美，老師不應要求學生考100分，因為老師自己也不見得做得到。其實，大腦是不斷地在改變，孩子的行為也是不停在變。要改變一個行為，不是禁止，而是用你要的行為去取代你不要的行為，因此改進孩子

缺點最好的方法，是放大和強化他們的優點。

　　實驗發現當動物學會一個技能時，牠的大腦會分泌多巴胺這個正向的神經傳導物質出來，使他感到喜悅。我們也常看到一年級剛入學的孩子，每天都很興奮地去上學，因為他們覺得自己在學習新東西。後來孩子會開始畏懼上學，往往是因為學校的打罵教育方式所造成。打罵所帶來的恐懼會抑制學習，並且恐懼會使海馬迴突觸凍結，無法改變，形成僵硬的迴路，孩子會繼續做出錯誤的行為來。長期的壓力和焦慮會嚴重打擊學習能力，使他們無法充分發揮潛力。

　　很多父母會用「恨鐵不成鋼」來作打孩子的藉口，這是完全沒有道理的，不是每塊鐵都要成鋼，也不是每個鐵匠都是好鐵匠。研究發現，一句負面的話需要四句正向的話才能化解它造成的傷害。但是在家中是：十句才有一句正向的話；學校是七句才有一句，難怪孩子覺得自己是個魯蛇（loser），因為大人不斷地灌輸這個觀念到他腦海中。

　　書中的例子讓我們看到每個孩子都是愛因斯坦說的天才，只要能找到他的能力所在，把它發揮出來，他就能成材。我衷心希望臺灣有更多的劉遵恕、徐力偉老師一起來改變孩子的人生！

陪伴 讓迷途孩子喜歡學習的新思維課程

中途班創意課程
——為孩子們預備生涯錦囊

國立臺北教育大學　退休教授
曾端真

　　這是遵恕的第 2 本書，是一本為孩子們預備生涯錦囊的中途班教育課程實錄。

　　他的第 1 本書——《要玩就要玩大的》，主角是一群有父母關心，也願意上學的孩子。這本書的主角是一群匱乏愛，而且失去上學意願的孩子們。他在書中坦言，帶領中途班課程的教師，需要有正向的能量來承接已經放棄學習的孩子們。前者，遵恕可以獨立掌舵，後者需要有共同理念的夥伴——力偉老師，以及學校系統的支援，才得以不被擊退。

　　我讀著這本課程實錄，如果不是認識遵恕老師，會覺得像天方夜譚。著名的人本主義心理學家羅吉斯曾說：「當學生願意學習的時候，教是一件艱難的任務；當學生不願意學習的時候，教是一件不可能的事。」心理學大師尚且如是說，足見遵恕和力偉面對一群需要高度關懷學生的挑戰度有多高。若非對於匱乏愛的孩子們的疼惜，對人性的相信，對教育的使命感，以及帶著勇氣和行動力突破重重困難，如此才能做到不放棄。遵恕信服阿德勒

心理學的教育理念，教育在於培養社群情懷。社群情懷是一個人實踐生活任務所必備的特質。這群遠離學習的孩子們，不是壞孩子，而是失去實踐生活任務勇氣的孩子。他們缺乏和人連結的能力，或說失去了與人建立連結的勇氣，因而選擇遠離校園。家庭和過往的學校經驗，沒有培養他們和人合作的態度，導致他們言行顯得過於以自我為中心；當然也沒有盡己之力，去克服困難以完成任務的訓練。社群情懷——與人連結、合作、貢獻己力，非常佩服遵恕和力偉，他們的中途班課程設計，以培養孩子們的社群情懷為目標，藉以為孩子們預備畢業之後的生涯錦囊。

中途教育，非常需要教育當局、學校校長、教師、社會人士的共同關懷。雖然遵恕和力偉已開發出可行的教育模式，而且連續 7 年榮獲教育局評鑑的優等獎。但是任憑他們怎麼努力，畢竟無法惠及全臺眾多中途生。期盼本書能引發更多人的共鳴，在各自的崗位上，關懷遊走在教育邊緣的孩子們。

俠客老師菩薩行

國際佛光會　秘書長
釋覺培

　　在教育的路上，學生們的背景與需求千差萬別，但總有一些孩子，因為家庭的困境、學習過程中的挫折，或是內在潛藏的傷痛，成為了學校體制中最容易被忽略的一群。然而，這些孩子仍然懷有屬於自己的夢想與渴望，只是在傳統教育中無法找到合適的出路與方法。劉遵恕與徐力偉兩位老師，懷抱著對教育的熱情，如俠客般的走入學生的生命，成為他們的「守護者」，更像人間的菩薩，行腳在滿是荊棘的道路上，無怨無悔。他們所著的《陪伴：讓迷途孩子喜歡學習的新思維課程》，是一部動人的教育史詩，更是一本值得所有教育工作者與家長深思的書籍。

　　曾經榮獲「星雲教育獎－典範教師」的劉遵恕老師，第一時間將他的獎金全數捐出，為了圓學生的夢，成立「俠客清潔王」，一個由徐力偉老師親自帶領學生動手做的清潔公司，而我做為他們兩位在這條道路上的見證者，既心疼又感動。心疼的是這份工作不是每次都有拿到服務的機會，心疼可以在課堂上教書卻以身教願意親自帶著學生清洗冷氣機、洗衣機等粗活的工作。感動他們為了撿回哪怕一個或兩個學生重拾信心，總是雀躍不已的樂在

其中的一股傻勁，這份傻勁，總是讓我感動不已。兩位深具教育理想的老師，長期投入於高關懷班與中介教育班的教學，他們面對的是一群由社會與家庭雙重壓力所推擠出的年輕人，這些學生中，有些人來自貧困家庭，有些父母缺乏教養意識，甚至完全缺席於孩子的成長過程，許多學生身上帶著生活的傷痕與內心的迷惘。在這樣的背景下，遵恕與力偉兩位老師並未因學生的種種行為問題而放棄他們，反而積極尋求適合這群學生的教學方法，以愛與耐心為基礎，為這些年輕人開創出屬於他們的人生希望。

《陪伴：讓迷途孩子喜歡學習的新思維課程》一書透過具體的教學實錄，詳細記錄了兩位老師如何運用創意與行動，逐步為學生們鋪設成長的階梯。透過「峽客清潔王」，將職場與教育結合，讓學生在動手實作中找到學習的動力。當許多孩子從教室搬到職場，從課本走向現實世界時，終於感受到自己的價值與能力；不再是課堂上拒絕學習、無所適從的孩子，而是有能力對社會有所貢獻的年輕人。這一過程中，兩位老師以真誠的關懷陪伴，逐步引導孩子們建立自信，逐漸啟發了他們對未來的嚮往與期盼。

兩位老師都是人間的大菩薩，他們「觀照」一群不適合傳統的升學考試體系的學生們的需要，以「善巧方便」的慈悲與智慧，透過生活實踐、職場體驗來幫助學生獲得實務工作上的成就感，他們以貼近學生需求的方式來激發學習動機。書中充滿了兩位老師的智慧與用心，無論是藉由清潔工作學習社會責任，或是在校園中進行藝術創作以改造環境，甚至是透過小型畢業旅行的

籌劃，這些體驗活動都蘊含著豐富的教育價值，讓讀者深刻體會到，他們正以行動詮釋「因材施教」的真義。

劉遵恕老師與徐力偉老師在書中所展現的教育智慧與人文關懷，無疑值得更多教育界人士借鏡與反思。書中的每一篇教學紀實，都如同一面鏡子，折射出這兩位老師對教育不屈不撓的熱情，也讓讀者感受到他們在這條艱難的教育旅途上，不畏風雨、一路同行。他們不僅是孩子們的老師，更是生活中的引路人，帶領這些被社會邊緣化的年輕人重新拾回生命的信心與希望。

《陪伴：讓迷途孩子喜歡學習的新思維課程》這本書，以文字與實際經歷的交織，讓人深刻理解到教育並非只在課堂中進行，教育更需要深植於生活。兩位老師透過行俠仗義般的教育行動，讓那些在社會、學校與家庭中倍感挫折的孩子們，終於能夠在學習的過程中找到力量。這本書不僅是一個感人的教育故事，也是一個適合推薦給教育局、學校老師與家長的寶貴資源。透過閱讀這本書，我們可以更清楚地了解這些高關懷學生背後的掙扎，並學習到如何透過多元教學方法，為孩子們開啟人生的新契機。

期待有更多教育工作者受到劉遵恕與徐力偉兩位老師的啟發，加入這場溫暖且意義深遠的教育行動，為孩子們點亮人生的希望之光。

打破框架的教育思維
──陪伴孩子好好長大

安溪國中校長　（原三峽國中輔導主任）
王雯華

　　有幸與遵恕老師、力偉老師一起在三峽國中輔導團隊共事多年，知道結集這本書有多麼的不易，每個事件、每位孩子背後都是一段如亂掉的毛線球般的故事，要細細梳理，還原糾結的脈絡，還要抽離的客觀看待，同時省思並整理自己。

　　當我翻閱書中章節時，過往與孩子們互動的回憶不禁湧上心頭。記得去澎湖小畢旅時，孩子們幾乎都是第一次搭飛機，他們互相討論哪些違禁品不能帶，我聽到他們竊竊私語：「ㄟ，老師說行李要過X光機，打火機不能帶」、「是喔！那煙可以帶吧！藏在衣服裡面」、「啊你白癡喔！X光機什麼都照得出來，未成年帶煙，你會直接被航警抓走啦！」很好，他們有帶腦袋，沒帶煙。孩子們帶著攢了一年沉甸甸的「零錢」來到當地旅行社付款，桌面上疊滿了銅板。他們還跟老闆要了垃圾袋，說我們等等要去淨灘。老闆聽聞由來後，下午待我們返回民宿休息，特別派人送來了要排隊的知名仙草刨冰，我和孩子們一起吃著，心中充滿了感動與驕傲。

我常想起幾次萬金石馬拉松，比賽前一晚都須住校，不然清晨4點30分發車時，將不會有學生出現。我和女孩們一起睡在團輔室，睡前嘰嘰喳喳地聊著天，我的重責大任就是確保她們不會半夜偷偷溜出去，因此我總是睡在靠門口處，也總是半睡半醒地注意著各種動靜。隔天早上，真的都是「熊貓馬拉松」，但一起體驗在學校過夜，陪伴她們走過人生中的許多第一次，共創著我們彼此的回憶，真是無比珍貴且美好。

因為有點子王遵恕、熱血役男力偉，還有當時許多願意一起投入付出的夥伴們，以及支持輔導處創意冒險的劉校長台光、跨處室同仁，而迎來了書中許許多多的創舉。兩位老師對教育的破框理念，反映出他們對孩子們深刻的理解與信任，他們透過多元且富有創意和實踐意義的課程，啟發孩子們的內在潛能、價值認同和社會關懷，並增強他們面對挫折的勇氣和團隊合作的能力。在學校內，老師們提供不同以往的學習經驗，同時讓這些缺愛的孩子在與老師們互動中感受到關愛和支持，進而看見自己的美好，點亮人生的希望感。

本書的誕生不是要現場老師們都去教孩子洗車、裝修、賣餐點……，這些只是因時因地因人制宜的過程與媒介，真正重要的是背後的破框思考。看見無法在常規教育體系中順利成長的學生，因為老師的耐心引導，透過體制內的彈性課程，重拾自信並找到自己未來方向。對於中輟迷途的孩子們真正做到：「找回他的人，更留住他的心。」在每段過程中，老師們遇到各種不同的

挑戰和瓶頸，並依據阿德勒學派的理念提出指導方針。這些寶貴的經驗被記錄下來，分享給關心教育的你，期待我們都能成為推動孩子展翅的那陣風。

真正的教育俠客

**臺中惠文高中教師　兼圖書館主任
蔡淇華**

　　很多人知道三峽國中有資源式中途班課程，卻不知道兩位老師出了多少力。

　　兩位老師始終相信學校是很好的教育舞台，可惜讀書、考試的升學體制有些孩子並不適用。「讓學生被肯定、有成就感，應該用什麼方法？」老師想到服務學習，因此學清潔，拿學校洗衣機練手，再開課教、帶學生做服務。「資源式中途班」的背後，突顯很多的問題，如父母生育是為了領補助，把孩子丟給社會照顧，也因為缺乏教養，成為學校的棘手人物，老師只有不斷地想辦法，引導他們往好的方向去發展。

　　看似豐碩成果的背後，是長期起伏不斷，波濤洶湧的過程，面對這些已被人貼標籤的問題學生，他們的應對方法是「表現出來的都是情緒，那些情緒源自於過往事件或對家人的不滿和被傷害，並非針對我而來。」劉遵恕說：「所以時時刻刻都要保持清醒，切莫被影響。」

　　兩位老師也觀察到，由於孩子們長期不被信任，所以當有人付出關心時，孩子們會懷疑對方對他的關心是否是真的？他們會

用各種方法挑戰老師的底線，甚至試圖證明──「看吧，我就是這麼壞，所以怎麼可能有人會對我好？」

劉遵恕夢想有一個地方能接住孩子、無縫接軌就業，並讓老師繼續提供協助。這些年劉遵恕常向關切教育的國際佛光會秘書長覺培法師請益，兩人最初想到開辦餐飲店，但擔憂學生穩定性不夠，還要負擔店租、保持食材新鮮，困難重重，因此沒有成行。也想過做胖卡行動餐車，但擔心交通違規設攤問題，討論兩年，發想用單車賣餅，結果一樣因校內意見不同而作罷。

在不斷地嘗試後，沒想到校內開的「全能清潔王」課程變得熱門，連一般學生都想上課，延伸創業的想法，受到覺培法師以及古今人文協會的支持，順利於2020年7月開辦。因此創立「峽客清潔王」，期待能打造出一個「職場結合教育」的空間，幫助因家庭、課業或社會因素受挫而學習的青少年，在此建立真正的自信與能力，去面對未來的生活。

有多少老師願意出資，幫畢業的高關懷生創業？很少老師辦得到，但他辦到了。劉遵恕說：「這裡的員工不是一般的勞動者，而是為了將來能創業、當老闆，在學職人精神。」

初期營運，資金、人事都不穩，尤其是畢業校友的員工普遍未成年，出案必須由老師騎車接送，工具也只有一套，為了發得出薪水，劉遵恕二度報名──角逐星雲教育獎，後獲得了典範教師，並將獎金全數投入。

劉遵恕說，中途班孩子的問題就像大賣場，什麼商品（狀況）

都有，得分別突破心防才能成功引導，每一種創意課程背後就是一個故事，而每個孩子都需要陪伴與溝通。

今天樂見兩位老師將多年來陪伴高關懷學生，創發教育課程的整理，終於要結集出書了。這是一本實用的教育參考書，書中滿滿實用的知識點。例如當中途班導師在校園中的困境……。建立關係，必須從孩子優點轟炸開始！此外，書中最多的是一個個課程實例，例如裝置藝術與花廊、淨街馬拉松、SSA籃球友誼賽、峽藝空間、峽客蔥寶寶、創立峽客清潔王……等。

對教育的熱誠，取決於老師本身所具備的特質，相信老師們都有這些特質，只是需要經過培養，差別在於是否願意耐心等候，時間的長或短而已。兩位老師看過太多孩子，因畢業後無人持續關注而重返迷途，所以他用生命創發了一個又一個的中途班課程。

徐力偉說：「建立信任關係非常重要，在這信任關係中，只要稍微放手就會前功盡棄。但是，我先放棄，他們就再見了！」在此書中，我們見到了老師們種下社群情懷的苗子，帶著學生們走出教室，一股傻勁地幫學生們輔導，可說幫助了孩子們找回信心，讓受傷的孩子們知道，世界上還有人愛著他們。深覺臺灣像這樣的老師若多一點，混幫派或被詐騙集團吸收的學生，一定會少一點！

推薦朋友們翻開這本「教育行俠仗義之旅」。對學生們不放棄，甚至為學生們創業而努力的劉遵恕、徐力偉老師，可說是真正的俠客！

幫助學生找到亮點與舞台的教師

諮商心理師
黃柏嘉

　　阿德勒心理學相信，老師最重要的任務之一，就是扮演「舞台總監」，仔細發掘每個學生身上的亮點跟可能性，加以引導跟培育，然後打造出豐富多樣的舞台，讓不同特質的孩子都有機會站到台上，從中感受到自己無限的機會跟可能性。

　　認識劉遵恕老師多年，他就是「舞台總監」的完美實踐者，面對已經放棄學習，甚至習慣放棄自己的中途班學生，他沒有被動的等待學生上門求助；而是主動出擊，帶著學生走到學校的每一個角落，讓這群中途班學生透過實際揮灑汗水，在校園當中留下一處又一處美麗的風景！也逐步在孩子身上刻下「我可以！我真的可以！」的感動與自信！

　　本書記錄了遵恕跟力偉兩位老師，多年來帶領三峽國中資源式中途班的血淚與心得，讀者從中能夠一窺他們與學生一起完成的各種創意課程，例如「峽客茶」、「峽客蔥寶寶蔥油餅」、「全能清潔王」、「峽藝空間錄音室」……等多元課程，以及他們如何透過課程創造服務機會，藉由服務展現孩子們的學習成果，並在服務過程中給予準確的鼓勵，如有能力與態度不足就立即補救。

書中更珍貴的是，兩位老師在陪伴孩子的過程中，持續不斷累積的智慧與心法！例如：「不能不期待，也不能太期待！」、「服務學習模式，先服務他人，過程中孩子缺什麼，回過頭來用愛與教育補上」、「與孩子一起生活的輔導模式」、「不必先預想如果沒做到的事」……等。讓讀者能夠從中掌握每個課程背後的精神，並了解學生出現正向改變的機制。如此一來，讀者便可以不只是模仿兩位老師的做法，而是創造符合自身風格的全新課程！

　　誠心推薦本書，給每一個希望幫助學生找到亮點與舞台的教師們！

　　也誠心祝福，每個面臨中輟危機的孩子，都有機會遇到像遵恕跟力偉這樣的老師。

失望與氣餒的孩子們，能重拾改變的勇氣

鏡新聞記者
許珮珍

　　我的職業是記者，因採訪工作認識遵恕老師與力偉老師，資源式中途班與高關懷班，聽起來是極艱鉅的帶班任務，但兩位老師總給我一種「吃苦當吃補」的感受，幾次接觸下來，我仍不確定他們是否能隨時隨地「樂在其中」，畢竟，真的很辛苦……，但我確定的是，遇見他們的孩子，是幸運的。這份幸運，並非侷限在學業分數上，而是在「人生」。原本以為幽暗、沒有盡頭的隧道，出現了光，走出隧道口後的路，可能依舊崎嶇，甚至滿是荊棘，但這群孩子，已經擁有走向這條路的勇氣與能力。

　　兩位老師帶著學生從服務中學習，尋找孩子身上的亮點；我曾看見只會睡覺、拒學的孩子，愛上音樂、工藝；關在房間裡、無法與人交流的孩子，成為校園服務大使。印象深刻的是在一次採訪過程中，一位畢業多年的中途班學生接送小孩時巧遇遵恕老師，學生熱情與老師敘舊，兩人回憶過去一起服務校園、冒險體驗，那些往事，都成為養分。這位曾經需要高關懷的學生，現在是一位建築工班的老闆，站在旁邊的我，看見——他眼中有光。

　　因為記者工作，讓我對時事議題比較敏感，在新北校園噀血

事件[1]爆發後，我曾想過，如果該被接住的孩子，被接住了……。我知道在教育現場第一線的老師們，背負重擔、承受壓力，但在認識遵恕老師與力偉老師後，我盼望這社會能有更多像他們一樣的人，讓感到失望與氣餒的孩子們，能重拾改變的勇氣。

註 1. 2023年12月25日聖誕節發生了一件震撼全臺的喋血事件：新北市國中一位女學生於午休時要到別班找人嗆聲，被該班風紀股長阻止，轉而找同班乾哥幫忙出氣，乾哥於是拿出彈簧刀，最後造成風紀股長當場失去生命跡象，經搶救後仍不幸身亡。

1

推薦名錄

02

聯合推薦
（按姓名筆畫順序）

王玉珍 | 國立臺灣師範大學 教育心理與輔導學系教授

你會發現，引導孩子的路上，你並不孤單。

王傳孍 | 桃園市立武漢國中校長

遵恕、力偉老師，您們給許多高關懷業務執行者帶來新創意及信心，我們會更努力地讓教育功能發揮更大，感謝有您們！

王 珏 | 第 40 屆金鐘獎影后

對於教育，我想說的是，自己受惠於戲劇教育，有紀律、有創作、有想像也有實際操作，有合作、也有獨立思考，需要叛逆也需要同理心。表演藝術可以陪伴各種類型的孩子們，自己在教育現場看見孩子們自我探索的勇氣與轉變的勇氣，很動人！而今劉老師用不同方式——中途班接住孩子，將這份行動化成文字，分享給更多的人，真是太感人了，讀過後，受惠良多！我想，每一位拿起書的你，肯定與我有相同感受！

日卡・比洛 | 臺東市立馬蘭國小校長

孩子們每一次的失敗，其實都是滋養他們未來能成功的沃土，在不斷往前的學習過程中，最需要的是陪他們一起堅持下去的老師與貴人們，誠摯地向這群為夢想一起披荊斬棘，經歷一切的師生們，致上最大的敬意。

白玉鈴 │ 臺北市立雙園國中校長

如果適性揚才是教育的價值，那麼兩位老師就是讓價值彰顯的人，如果成就每個孩子是教育的目標，那麼兩位老師就是讓目標實現的人。少子化及多元發展的時代，讓孩子成為自己真正的主人，並為自己的所能所為感到驕傲，是最讓人感動的事！謝謝兩位老師讓我們同樣身為教育工作者知道：「教育也可很不一樣，也應該很不一樣。」謝謝遵恕與力偉兩位老師創下的故事，也願意與我們分享！

李文義 │ 桃園市立會稽國中校長

佈下善的種子，教育典範園丁。

吳長穎 │ 嘉義市立北園國小校長

優秀創意熱忱的兩位優質老師。

何盈儒 │ 馬卡諦義大利冰淇淋　創辦人兼董事長

遵恕在走一條人煙稀少的路，他用真誠的態度感染了身邊的朋友，我們都自願成為他的追隨者。

林武龍 │ 新北市立三峽國中校長

劉遵恕老師無私的奉獻，為學生開啟人生的光明大道！

林錫恩 │ 新北市立屈尺國小校長

「遵鴻俠客激潛能、恕道仁厚育英才」；成就自己、成全師生、成功教育！

林峻丞 │ 小草書屋／甘樂文創執行長

同樣投入在社區兒少的陪伴工作，也與兩位老師有許多互動與合作，我們都知道推動體制內的改變有多麼不容易，但兩位老師走了一條很不一樣的路，不僅帶給孩子們更多看見自己的機會，更讓校園內的教育工作者有更多改變生命的刺激與想像，期待未來每一個孩子都能被接住。

施青珍 │ 新北市立義學國中校長

比認真努力更可怕的力量是：樂在其中。謝謝遵恕，讓我看到了這句話的真諦。

聯合推薦

侯怡如 ｜ 嘉義市立嘉北國小校長

教育是生命的陪伴，讓彼此看見光，從遵恕老師的身上，我看見了！

孫頌賢 ｜ 國立臺北教育大學　心理與諮商學系教授

真心從孩子的心裡，找到與這個世界和平共處的方式，這是一本見證「愛存在」的記錄。

張雨霖 ｜ 國立臺灣師範大學　教育心理與輔導學系助理教授

欣聞遵恕老師、力偉老師兩位熱血老師，將多年來投入中輟、高關懷學生輔導的心路歷程與奉獻集結成冊。兩位老師都是教學與輔導的楷模典範，他們發揮創意，結合職業輔導，開創「峽客清潔王」企業社，將原本幾乎要被排除在學校體制之外的中輟學生，培養成未來的職人與創業老闆。相信無論是教育工作者或是家長，都能透過此書看到足以激發教育熱情、啟發教學與輔導新點子，獲得讓孩子海闊天空的新視野！

張蔚雯 ｜ 新竹市立南華國中校長

用愛編織善的網，用心接住每個孩子！謝謝劉遵恕老師用行動擴大愛的影響力！

張秀梅 ｜ 宜蘭市立宜蘭國中校長

讀完這本書，讓我更加相信：只要願意開始，教育有無限的可能。

陳採卿 ｜ 臺北市立龍門國中　退休校長

遵恕和力偉老師讓我親眼看見教育狂熱者，看見真正愛學生的天使，我有幸能參與其中之點滴，已經感動不已。如今他們願意費心力把帶領學生的教學歷程寫下來，不但是輔導的記錄，更是孩子的成長史，也是教師的血淚史，真的是非常值得敬佩的現代教育家。

陳明君 ｜ 嘉義市立大業實驗　國民中學校長

用生命愛孩子，以實踐做教育。

陳建銘 ｜ 嘉義市立蘭潭國中校長

靜思語說：「給七分表現的孩子十二分的讚美」、「相信自己，人有無限的可能。」兩位老師用身教言教帶給這群缺愛的孩子，生命中最需要的溫暖，引導孩子找到自己的亮點，開創生命無限的可能！謝謝兩位老師，用生命感動生命，點燃更多的希望之火，成為更多老師的學習典範！

許美珠 | 雲林縣立大埤國中校長

遵恕老師的堅持，讓人相信教育理論的可行性；遵恕老師的良善，讓人看見教育初心的感動力！

許淑春 | 南投縣立北山國中校長

感動人心的故事，需要被更多人看見。

黃麗米 | 桃園市立石門國中　退休校長

15年前看了《第56號教室的奇蹟》這本書，對書中的雷夫老師的班級經營創意及有教無類的教育精神，真是佩服得五體投地；沒想到因緣際會之下，遇到了臺灣版的教室奇蹟──遵恕老師。劉老師用心力、用新意、用薪資教會學生理情、理財、理人，更重要的是他不是只陪伴學生國中三年的學習，更是為學生謀生命的出口。個人還不認識力偉老師，但人以群分，相信也是一位充滿熱情創意與教育愛的好老師！

董耀琮 | 新北市中小學家長協會　理事長

大愛無私，犧牲奉獻，無怨無悔。

廖炳煌 ｜ 臺灣外展教育發展基金會　董事長

體驗是最有效的學習！在遵恕老師的帶領下，學生透過社會實踐過程，在學習中成長，在服務中獲得最佳的成長養分。服務學習、學習服務！

蔡依倫 ｜ 新北市教育局候用校長

生命影響生命的最佳體現，兩位是我們永遠的驕傲。

劉台光 ｜ 新北市教育局聘任督學

凡走過必留下痕跡，持守著盼望以智慧行事為人，與你的夥伴同心合一朝著目標前行，每一次的努力堆砌著未來的成功。祝福你們平安順心！

劉芹樺 ｜ 臺中市立潭子國中校長

感謝遵恕老師以無限的創意、無盡的熱情，接住每個孩子，裝備飛向未來的翅膀，也激勵教育人員堅持初衷，持續前行。

謝宜岑 ｜ 嘉義市立北園國中校長

每段的傳奇都有一個起點，感佩兩位俠客為教育的初心及堅持，為孩子找到那獨一無二的自己。

魏秀蓮 ｜ 桃園市立忠貞國小校長

「把自己活成一道光。因為你不知道誰會藉著你的光，走出黑暗。」——泰戈爾。劉遵恕老師就是這一群孩子的光，照亮孩子的生命。

創意課程緣由

03

這本書記錄了我們自 2015 年至 2020 年，以「學習服務」為目標，規劃與執行「三峽國中資源式中途班課程」的故事。讀者對於「資源式中途班」一詞可能覺得陌生，所謂「資源式中途班」是「中介教育」[2]實施的方式之一，這是為特殊需要的青少年，再回到正規學校教育之前的中介過渡性教育措施。在三峽國中，我們主要針對中輟、長期缺曠課、學習動機低落、文化刺激不力等特殊需求的孩子，提供相應的教育介入。

各縣市政府因不同需求，將中介教育精神用四種方式實施

（一）資源式中途班：遴選有熱誠學校，以分區資源共享提供中輟孩子適性課程與輔導。

（二）合作式中途班：區域內法人及立案民間團體或企業提供適合場地，提供中輟孩子課程與輔導。

（三）慈輝班：因家庭遭逢變故、功能不彰、中低、低收入戶中輟之虞孩子，提供就讀膳宿學校。

（四）中途學校：為防止兒童及少年遭受性剝削，依兒童及少年性剝削防制條例第 22 條規定設置，收容安置違反該條例受法院裁定安置施以 2 年選替教育個案。

三峽國中則符合「資源式中途班」設置條件，回顧至 2015 年，三峽國中因為中輟問題嚴重，學校承接了專案並開設中途班來解決這一問題。我們以積極正向態度面對一切挑戰，正因如此，本書中的故事才能如此感動並順利展開。

書中不乏有與學生的互動、自我省思，還介紹了針對不同學

生狀況而採取的應對技巧。我們希望此書也能對一般老師有所幫助，因為每個班級都有些氣餒難建立關係的孩子，他們需要您的關愛與協助，再加上您適時的鼓勵，才能走出生命的低谷，重獲新生。三峽國中的中途班，課程設計豐富且多元，是本書分享的重點。有好的創意設計理念，加上各個課程老師用心教學，才能將孩子的心留在學校，安心學習。新北市政府教育局很用心，每年都會邀請實施中介教育學校進行考評，分享各個學校學習輔導與課程設計的策略，讓校際間可以互相取暖並得到支持，三峽國中連續 7 年皆獲得教育局評鑑特優，可見我們堅持的理念與用心，受到極大的肯定。

　　徐力偉老師已經帶領中途班 3 年（而我則是 2 年）。他原本是一名國文老師，不是輔導專業人員，但他願意放下以教學進度為主的管教框架，學習走進這些孩子們的內心世界，十分難能可貴。身兼一般班級的國文老師與中途班導師，這兩個截然不同的身分，使他對一般班級的孩子有更深的理解。書中最後章節將會進一步說明這一點。2020 年仲夏，在佛光山的大力支持下，徐力偉老師決定離開教職，創辦了「峽客清潔王」，並帶領著這些中途班畢業的孩子們進入真實職場，讓他們在其中——思考、學習、就業、創業。從某種意義上來說，這也是另類的實驗教育。

註 2.　我國現行中介教育設施之研究，楊小玫。

這段故事在最後章節中有專篇描述。本書不會闡述太多理論，只想說很多故事，讓每位讀者都能從故事中找到想知道的答案。藉由此書找到更多解方，進而幫助更多孩子真心喜歡自己。我們盡可能分享經驗，邀請讀者找尋各種可能性，這正是書寫此書的目的與價值。此書涉及孩子的名字與照片均已做適當的化名處理，內外聘的老師們也已徵求同意，將以真名呈現。在此感謝默默為這些孩子們奉獻心力與愛心的老師們。

我們期待這本書的問世能激發更多老師對教育的想像，也希望提醒每天置身於水深火熱中的老師們，我們將用這本書陪伴你，讓你知道你並不孤單。相信事在人為，讓孩子與自己共同創造希望，相信「一花開五葉」，結果自然成。

3 創意課程緣由

04

創意課程規劃理念與準備

——劉遵恕

課程設計精神：服務與學習

面對一群需要高度關懷的孩子，教育他們是件不容易的事情，複雜的偏差行為成因，讓人感到萬分糾結，而每位孩子的背後都有一個令人傷感的故事，想教會他們，首先自己必須懂得正向思考。沙漠中的玫瑰很適合形容這群孩子，我們會不會成為他們的甘露，需要靠天時、地利、人和；學習環境、關係建立再加點運氣，這樣也許會有契機。但別高興太早，在這過程中，進一步、退十步的磨難，讓我們這群學習順遂的老師們，遭受極大的挑戰，低成就、挫折、失望、耗竭情緒排山倒海而來，這工作你覺得能做多久？

目前，全臺國中高關懷班及實施中介教育的學校不計其數，投入的物力、人力、金錢更是可觀，將這群孩子導入正軌是個迫切且重要的任務。然而，這群充滿熱血的教師，真的需要我們好好呵護，因為他們是教育界稀有且值得鼓勵與支持的典範教師。

在多年陪伴孩子的經驗中，我們將服務學習精神融入這項計畫，並將其作為核心。所有課程規劃都朝向——「孩子喜不喜歡學」，「可不可以與學校生活產生連結」，「可不可以將所學利益他人」為設計目標。或許你心中會有些疑問，這些需要被關心的孩子，怎能服務他人？根據 Maslow 需求層次理論[3]，服務他人屬於自我實現的階段。所以儘管如此，這項計畫的成功機率不免令人心生懷疑。

▍服務學習能讓老師看見孩子的不足

服務學習，顧名思義就是「服務」、「學習」互相結合，從服務中得到學習效果。這與美國教育家杜威（Dewey）所提的「從做中學」（LearningbyDoing）不謀而合。最重要的是，服務的觀念必須融入每一個課程中。我認為這些孩子並非不能學習服務，過程中若發現不足的部分可以回頭補強。孩子在服務他人之前，要先學習各項技能。由老師引導帶著大家學習，彼此建立關係，加上小班教學，孩子能夠獲得到更多的關注，這些孩子非常需要這樣的學習環境。有目標的學習服務，能夠給予孩子肯定與成功的經驗，對這些孩子來說相當重要。

有明確主軸的教育理念，可以讓師師、師生以及親師之間的溝通更為高效，能迅速聚焦在學習問題上，從而更有效率地發現並改善孩子的行為偏差問題。

註3. 由心理學家亞伯拉罕・馬斯洛在1943年發表於《心理學評論》期刊的論文〈人類動機的理論〉（英語：A Theory of Human Motivation）中提出的心理學觀點。將人的基本需求分為五個層次：生理需求、安全需求、愛與歸屬感的需求、受尊重的需求以及自我實現需求。不同人在不同的時間有不同的需求，人們會先致力於滿足低層次的需求，才轉而追求高層次需求。引用自維基百科：亞伯拉罕・馬斯洛。

教師的自我成長：尋找正向力量

阿德勒心理學強調「社群情懷」的重要性，認為這是從煩惱中解脫、走向幸福的唯一方式。同樣與各宗教「利他」的詮釋與行動中也相應證。從服務做起，不僅能幫助他人，還能容易獲得他人感謝、回饋與支持。因此通過「服務學習、學習服務」來培養社群情懷，對這群氣餒的孩子來說，無疑是很好的教養與課程目標。

對於每位孩子而言，「帶著走的學習」實在太重要了，因為教育的目地就是讓孩子走入社會，透過不斷地學習與嘗試，經得起社會的考驗，最後對社會做出貢獻。我們的優勢在於有時間慢慢培養孩子們的勇氣並幫助他們接受挑戰，這些孩子如果獲得成長，他們的故事將會感動那些對資源式中途班持懷疑態度的人，並提醒他們要時常抱持著熱誠與希望。

▋一、挫折中找尋正向力量

在帶領孩子的過程中，我常常感到力不從心，尤其在忙碌的時候，這種感覺更是強烈。難得有片刻的休息，疲憊感迅速竄升，很少有時間靜下來思考。日積月累，許多負向能量無從宣洩，心裡越來越沉重。我時常在想，這份特殊工作應該有很多故事值得記載。就像「起司班」[4]有那麼多豐富的故事，中途班的故事肯

定更多，這些孩子背後哪個不是一堆故事一堆傷。如果能讓他們通過多元課程開心學習，那麼學習的轉折應該更能令人動容。但目前為止，我寫不出來。深刻思考這個問題後，我發現這與我內心的糾結，及孩子們問題所帶給我的苦悶有著很密切的關係。

「起司班」的孩子是一群很有愛的孩子，他們在父母的呵護下長大。當我與他們交流時，很容易滿足他們對愛的需求，而當他們的需求得到滿足時，很容易回饋給我，這滋養了我內心，這也讓我很容易得到成就感。常常和孩子一起吃飯時，聽見他們對班上的建議，以及對我這個人的想法產生好奇，這樣一來一往，談天說地，讓我心中好滿足。雖然付出很辛苦，但卻讓我得到的更多。當然啦！雖然身體累，心裡卻不這麼累，休息過後，能量又回到滿格，又可以一起做更多的事情。

▎二、保持覺察力很需要

對於中途班，我的感覺似乎是相反。每年約有 12 位長期缺乏愛的孩子，我付出的愛來不及回填，一下子被吸乾，這正是我

註 4. 一位深切體會臺灣沒有本錢教壞任何一個孩子的熱血老師——劉遵恕，在沒有強而有力資源的支援下，憑著一股教育熱忱與冒險犯難的精神及童心，融合教育理論，將想法化為實務操作，教出一群堪與大學生相提並論的孩子，這就是三峽國中 704 又稱「起司班」。

現在的感受。我非常了解這些孩子不善於表達內心的感動與感激，即使他們表達出來也常是間接又生澀，但他們能有所進步已經不錯了。最後我發現，當付出與回報不成比例時，自己會變得異常疲憊。想要挽回這般氣餒的心情，我只能將標準降得很低很低，並且將得來的正向回饋放大才能填補付出去的愛，不過這放大的過程仍是需要能量，所以每天都得覺察自己的能量是否平衡，一點一滴都得精算，萬一失算就會感到更加疲憊。想想我還有力氣去覺察，這些孩子卻在無盡的匱乏循環中度日，想必他們的內心更累更沉重，那怎麼辦呢？我們都是匱乏愛的人。面對這個問題，我只不過是這場匱乏劇中的一角，在中途班課程中，有許多老師、行政人員與輔導人員都在共同努力，每個人都很辛苦。當內心的疲憊來襲，就交由正向內在的對話進補。就像現在，我正藉由文字整理心情，邊寫就會感覺能量進帳，和夫人聊聊也能加分，當這些分數夠了，又會有充足的愛可以付出，繼續寫下那些動人的故事。

■ 三、增能研習，對中途班輔導人員極為重要

自 2014 至 2016 年、2019 至 2020 年持續參與 MOXA 心源教育基金會提供的「心靈導師」初階與進階研習課程，學習將阿德勒心理學運用在班級經營和青少年輔導上。這是由曾端真教授（國立臺北教育大學退休教授）領軍，邀請幾位心理師和國中

小第一線教師擔任講師，理論說明和實務的見證與分享。這樣的學習成果，讓我在面對這群需要高度關懷的孩子時，更具自信，也激發出我內心的正向力量，讓我能夠更加堅定地來面對這群缺愛的孩子們。

阿德勒心理學讓我在帶領孩子時，無疑是一盞明燈，我也從「社群情懷」的概念中得到了莫大的能量。帶著社群情懷的啟示和鼓勵，我將和這些孩子們一起勇敢向前行。

臺灣已經沒有本錢「教壞」孩子

目前全臺國中需要關懷的孩子與家庭不計其數，我希望大家看見一群熱血教師，他們每天扛著低成就、挫折、失望、耗竭的情緒，默默的付出，因為他們心理明白將這群孩子導入正軌，是一項既迫切又極為重要的任務，臺灣已經沒有本錢「教壞」孩子，因為生育率下降導致少子化正衝擊臺灣未來發展。

「心靈導師」精進課程旨在幫助成員深入了解那些成天只想著自己煩惱，和凡事總認為問題錯在別人身上的孩子們。透過分析，讓學員能夠「知其然也知其所以然」，正確看懂孩子行為的真正意圖，了解孩子的生命經驗，進而提升對孩子的鼓勵與支持。

根據阿德勒心理學主張，偏差行為源於孩子低估自己的能力，並且對學校學習上的失敗有著巨大的恐懼。他們實際上是一群極度氣餒的孩子，面對這些氣餒的孩子，教師們的首要之務便

是鼓勵他們，安排適合的學習平台，幫助他們重新發現自己的價值，培養自己的正向感覺，才能走回正常軌道。

▌四、計畫有主軸，做事才有方向

我從「社群情懷」的論述中得到莫大的觸動與鼓勵，他曾說：「必須有人當領頭羊，就算沒有資源與協助，做就對了。」多年來，我們從陪伴中途孩子的經驗中得到印證，決定將此精神帶入這項計畫，並成為主軸。這意味著所有中途班課程的規劃都朝向：尊重孩子的喜好，所以要先協商。學習後可不可以服務他人需進行評估，課程的設計須以利益他人為設計目標，將服務學習設定為計畫主軸。

想看海的正哥

記於 2016 年 10 月

　　兩週前回來的正哥，是位曾經中輟的孩子，最近奇蹟般地返校學習。在課程中，我常看到他露出笑容，這讓我十分好奇地問他回學校的動機（因為最近和組長、主任們討論過，找回中輟生可不可以運用直銷拉下線的方式嘗試，若成功的話，上下線皆可獲得獎勵）。我問正哥他的上線是誰？他小聲告訴我，其實是他的女友，不過他也提到，小周也有功勞。因為他的女友不是高關生，無法獲得獎勵，但小周可以。我又追問，小周做了什麼？正哥告訴我，他會請小周 Morning Call，並且小周也會陪他吃早餐、一起上學。聽到這些話我感到很窩心，人就是要有陪伴，正哥找到除了師長外的關愛，這讓他重返校園學習。

　　我接著提供了幾個獎勵選項給他參考，比如邀請他們一起看電影，他說沒這習慣。兒童新樂園，他說沒興趣。動物園，猶豫了一下，但沒下決定。最後乾脆我請他自己說，結果我得到了一個出乎意料的答案：老師，我想要看海，聽說宜蘭的海不錯。孩子總有顆令大人琢磨不出的心，我猜正哥或許想要寧靜、廣闊、對大海大叫，亦或是希望大海能包容他那顆不安的心。雖然他沒有說原因，我也無法問出更多，只能選擇尊重他的選擇。

　　正哥目前正處於自我挑戰的階段，在課程中，他努力遵守規則，也試圖建立良好形象。這像是一場心理拔河比賽，過程中難免產生許多不適應的現象，例如不斷轉移話題不去面對錯誤，總

是將責任推給別人，或是在課堂上開些不合時宜的的玩笑等。老師們可能會認為這是干擾，但我知道，這背後是內心的衝撞。如果我們能耐心教導，正哥一定能增強學習的信心，最終找回那顆赤子之心。我多麼希望能在他畢業前，讓他嘗到學習的甜美果實，但我只能問大海。

教與學：引導與陪伴

■ 一、課程不是你想像的那般無聊

從 2017 年到 2020 年，經過 3 年多的反覆操作，中途班計畫的課程設計漸漸有了特色。在體能課程方面，我們讓孩子學習路跑，提升體力與耐力，並鼓勵他們報名參加各項馬拉松路跑活動。有一年，我們將「淨街馬拉松」概念融入課程，讓大家邊跑步邊撿垃圾，這想法很新。不論如何，至少帶孩子去外面見見世面。過程中，孩子們學習規矩，彌補家庭教育的不足，我們發現有很多規矩界線本來應該是父母要教的，但最後都落在我們手中，太晚學習加上關係不比親人，真的需要很用力而且需要超級有耐心。

「噗噗澡堂」一直以來都是服務校內老師，這項技能是耐力考驗，冬天是很折磨人的，衣服可以穿多一點，但水溫只能說必

須要很有勇氣，而到了夏天卻又讓孩子多了附加福利就是玩水。泡泡與水很容易讓人和「有趣」聯想一起，但別高興得太早，最終卻因抵不過疲累與耐心，服務品質難以控制得很好，孩子畢竟是孩子，課程畢竟不是工作，所以引導與鼓勵技巧在這裡更是需要。洗車數量不宜太多，否則容易有反效果，所以這個過程需要有更多的討論與調整。訓練孩子建立良好的態度是首要，有好的互動品質，服務才能加分，否則別想走出校外，服務更多人。

二、有目標性才能增加學習動力

峽客系列產品──蔥油餅、豆沙鍋餅、峽中好彩頭、峽客茶，都是這幾年陸續研發的商品。孩子學會技能後，主要對校內師生販售，販售所得成為「自籌畢業旅行」[5]的經費來源。有目標學習，讓每屆孩子們都有不同的團體動能與合作方式，但最後收穫就是讓孩子們自行規劃一趟難忘的旅行。凡事沒有不勞而獲，想要擁有就要付出心血，過程中，會因個人條件不同而有著不同學成的時間，只要不放棄，等到大家都學會的那天，產能就會瞬間

註 5. 我們會和孩子商討有沒有意願一起來玩。這不是講好的，孩子也會放棄，或突然消失，這也是讓這些孩子體驗到要堅持到一段時間才有收穫的經驗，這多半也是他們缺少的。

提升，彼此動力也會增長。看他們在廚房揮灑青春汗水，和帶領老師有著共同目標的氣氛，會讓人很感動。最後，孩子提著行李坐上飛機那一刻，更是喜悅。原來成長就在一張張、一罐罐、一包包商品販賣中累積能量，最後展翅飛上天際。

三、擁有一顆想與孩子生活和教育他們向善的心

每年我們都要美化校園，美麗自己，這是「美的世界」課程設計的精神。從教師會辦公室打響名號後，新工程都不斷地等著孩子完成，雖然每年都會換一批不同的孩子，但接力棒始終沒斷過。完成教師會、諮商室、哺集乳室以及學務處談話室。孩子們靠著雙手改造校園空間，讓空間更符合使用者需求，也教導師生愛護學校。雖然改造成果看來很美麗，但我認為施工過程更美，這就是外人看不到的地方，更是我們與孩子共同的回憶與話題。

從改善空間這件事情我得到許多四方來的正向回饋，讓我們成就滿滿。我們怎會裝潢設計，怎會汽車美容，其實全都不會，但我們擁有一顆想和孩子一起生活，教育他們向善的心，奇怪的是，不知不覺我們變得什麼都會了，原來教學相長下，學習變得很有趣。

4 創意課程規畫理念與準備

阿德勒降落

阿德勒曾以自身體驗為例,這麼說:
「我自己在覺得自己有價值時,才擁有勇氣。」
「我只有覺得自己行動對周遭人有貢獻時,才覺得自己有價值。」
「價值」、「貢獻」、「勇氣」都是峽中資源式中途班想要給孩子的珍貴禮物。

前置作業：
預備引發孩子學習動力的課程

記於 2019 年 4 月

在談到課程之前，我先呈現幾張圖表，藉由這圖表，讓讀者可以立即了解中輟復學、長期缺況或學習動機低落的孩子們，是如何藉由多元豐富的課程，重新認識自己與學習。

▍一、孩子轉介資源式中途班流程

右頁圖表可以清楚呈現整個流程

▍二、參與課程規則

1. 孩子參與課程堂數

由專輔教師、班級導師、中途班導師，共同評估討論出來，因為每位孩子所需要與問題（輟學時間長短、輟學次數，學習表現、人際互動……等）的嚴重性不同，抽離上課堂數就會有所不同，至於上什麼樣的課程皆尊重孩子的意願與決定。

4 創意課程規畫理念與準備

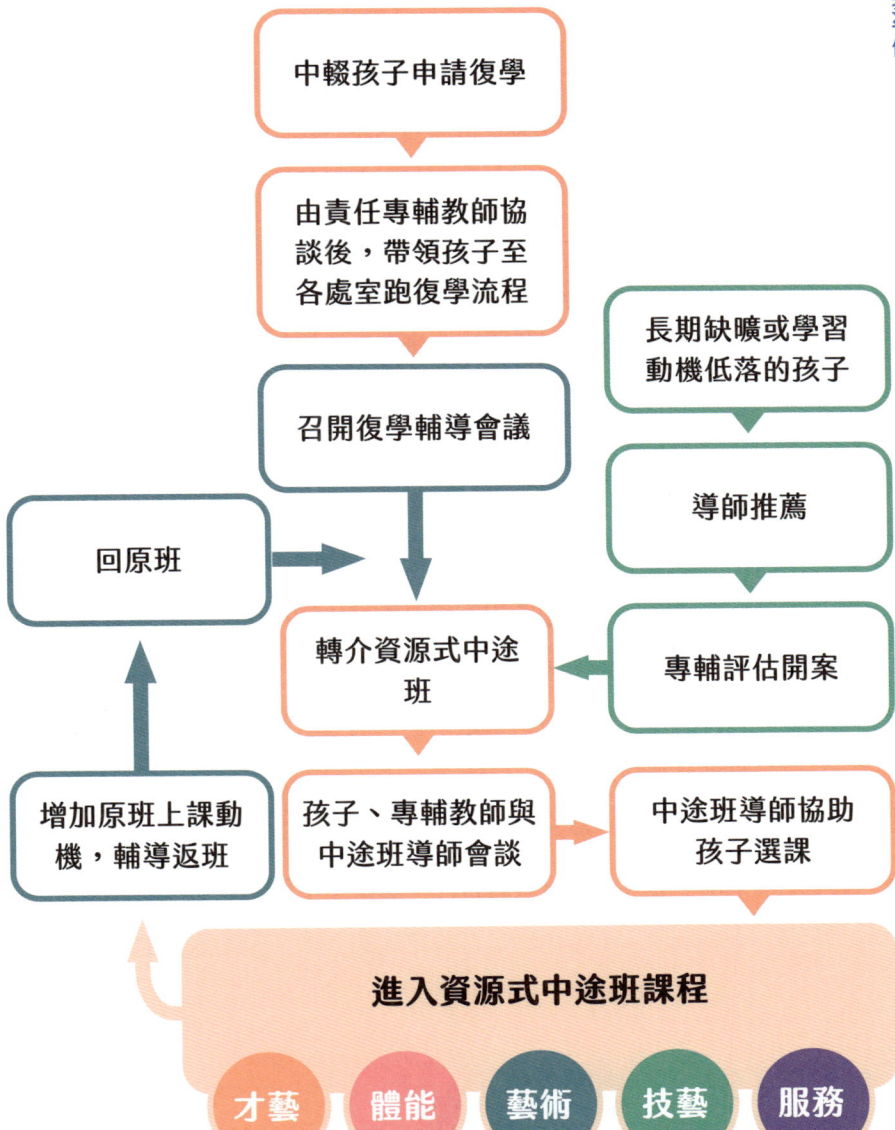

```
中輟孩子申請復學
        ↓
由責任專輔教師協談後，帶領孩子至各處室跑復學流程
        ↓
召開復學輔導會議          長期缺曠或學習動機低落的孩子
    ↓                              ↓
回原班                          導師推薦
                                    ↓
            轉介資源式中途班 ← 專輔評估開案
                    ↓
增加原班上課動機，    孩子、專輔教師與    →    中途班導師協助
輔導返班              中途班導師會談              孩子選課
                            ↓
                進入資源式中途班課程
        才藝    體能    藝術    技藝    服務
```

061

2. **學期分數**

   是由中途班上課老師和中途班導師提供參考分數，交由班級科任老師決定採計與否。

3. **師資來源**

   中途班課程上課老師皆由熱心教育的內外聘老師擔任，外聘老師必須經由人事室審核才能任用，內聘老師則由輔導處主任邀請校內對此班有熱情的教師擔任。

4. **客製化課表**

   尊重孩子的選擇，讓每位參與者都有客製化課表，其目的相信孩子能為自己的選擇負責。

5. **激勵學習的策略**

   我們會依據孩子表現而增減孩子上課節數，這是很有效的策略，也可說是激勵孩子投入學習的一種手段。主要目的是讓孩子能夠穩定學習，這些增減過程都須讓輔導人員共同討論。

6. **課程期待**

   孩子進入中途班最終目的，還是希望能回到原班適應正規學習，不過這也是有待突破的瓶頸，因為這裡的學習環境氣氛太好，所以大都回不去了。

三、校園系統合作方式

1. 預備迎接孩子返校

以 107 學年度復學返校的小芹來說，聽聞孩子即將返校，我（時任輔導組長）邀請中途班導師、專輔老師和原班導師立即召開小組會議，會議重點：如何在孩子返校時，立即建立關係，給予孩子明確目標，讓他感受到深刻的歡迎與善意。接下來，用課程來建立他學習的信心，最終目的是相信學校、喜歡學習，孩子相信自己做得到，心就能回來。這些細節，後面章節中將會陸續提及，以服務學習精神為主軸來操作課程，這也是阿德勒社群情懷的概念。

阿德勒曾說過：「人的煩惱都是人際關係的煩惱。」這群孩子煩惱特多，也可以說他們把人與人的關係攪亂了、搞砸了，而我們就是要讓他們回到單純學校環境中，用關懷與愛整理孩子的紛亂心，讓他們有勇氣看見自己的好，學習「預備」這件事情，預備什麼？做好社會人。

2. 邀請孩子合作，而非高壓控制

當輔導與行政人員心中有著阿德勒的精神與概念，在遇到這些難題時，就不會亂了方寸。心亂就會慣性地回到外在控制，用高壓手段讓自己和孩子回到可控制的軌道中，看似得到主控權，實際上隔天孩子可能就會消失不來學校，這時你會發現真正的

主控權其實並不在你身上。外控只是消除自己焦慮的一種粗糙方式，有了社群情懷的概念，結合多元課程與服務學習的理念，你將不會輕易被激怒，而是會走向與孩子合作，甚至有機會重新認識他們。

孩子呢？在這樣的學習環境中有了機會重新了解學習，不難發現他們的挫折與失落感將明顯降低。即使孩子的表現出狀況，也能在預期中找到問題的根源，經過協助後也可以很快地回到學習中再出發。我提出的方法並不複雜難懂，而是一種可倚靠的架構，關鍵在於教育人員的熱情，和一群可討論支持的夥伴。真實的狀況就是，若缺乏熱情、討論與夥伴，再怎麼努力述說都是空談。要相信事在人為，我們能創造出多少希望，是取決於你相不相信自己？

3. 原班導師是「提燈照路人」

在思考中途班學習輔導前，我想先替孩子、老師和學校說說話。事實上，孩子需要高度的關懷，這一點早就已經被決定。只要打開孩子的故事盒，你就會明白其中的原因，不論分到哪一班？哪一位導師？其實關係不大，只要稍微了解孩子的成長脈絡，對於那些不受控的孩子，老師也不必過於自責與氣餒。

我建議老師在學期初接班之前，可以先透過電話訪問這些家庭，或者先與輔導處聯繫，了解孩子是否為國小輔導個案。了解國小端曾經做過哪些努力，花一點心思了解孩子的過去，往往會

有一番新的看法。我把這個過程稱為「做功課」或者是「預備」，如果遇到難以理解的故事，老師可以請輔導專業人士協助，這樣能發現更多幫助孩子學習的可能性。

如果需要行政協助，老師可以大方提出需求；如果行政不回應，我想你也做到了宣告自保效果。以上這些預備工作如果來不及做，孩子入學後，請老師多多觀察，保持高度覺察。一有狀況，上述內容可以作為重要參考，如果沒做功課，也沒保持覺察，那麼就請老師別抱怨了。因為正如我之前所提到的，家庭早就種下了因，我們來不及經驗孩子的過去，那就和孩子一起面對未來吧！

四、教師自我覺察內容

1. 檢視協助動機

孩子的家庭故事不是我們造成的，但教育確實可以幫助孩子與家庭重新開始。雖然過程可能仍有些失敗機率，但如果我們不做，情況一定會更糟。我是專業的輔導人員，送到我這裡的孩子，已經不只是上述所說的狀況了，全是一路氣餒的孩子，老師們用盡心思與方法，也無法挽回孩子對學習的熱忱，最後的方法是轉介到輔導處。

檢視過去的輔導策略和通報紀錄是必要的步驟，也是保護自己的一種方式。如果你去訪問導師，你一定能了解老師所做的努

力，因為誰都不願孩子變成這樣。當這些失敗的孩子到了我手上，該怎麼做？什麼都不清楚又該怎麼辦？先別慌，想想你要不要幫忙這孩子，真心想幫助與被動買單，將會導致截然不同的結果，所以協助動機很重要。

2. 協助步驟與能力限制

在學校，我不是每位放棄學習的孩子都願意幫忙的。如果學校有許多人力，那別客氣，讓其他人做未必會比你差。如果人力不足，非得你來，那麼按照程序來做就好。前面不是提過保護自己嗎？大愛是勉強不來的，幫助孩子找回學習的心，要付出的很多，不是教育局作業規定與研習時所說那麼容易。別傻了！如果這麼容易，輔導人力需求不會這麼多，在職訓練也不會這麼頻繁。所以仔細思考協助步驟與能力限制是很重要的，這也是自我覺察的一部分。

3. 關係評估

協助孩子重新回來學習是件不容易的事情，因為孩子對學校的看法往往有些扭曲，他們不太明白學校與學習的關係。跟他們談到學習時他們不太理解，因為他們本身對學校、對學習有許多的抗拒與誤解。我想先別急著談學習，不妨先來談談「評估關係」吧！

「關係」是非常重要的評估指標，說實在的，關係好才有動

力協助，如果孩子拒絕，你也只能等待，因為孩子感受到被接納是非常關鍵的事。當孩子有心回到學習，就要立即展開協助，因為時機不是常常有，孩子肯學習就會得到勇氣，如果又被你看到並受到讚美，就能往前跨一大步，也許明天可能又退步一點，但相信我，關係不會回到原點。記得把學科的學習成果先擺一邊，專注於了解孩子，保持真誠，孩子就會進步。我們面對的是滿腦子只想著自己的孩子，他們習慣掠奪、支配、逃避事情，阿德勒曾說：「只有發展社群情懷，才能掙脫困難。」這正是我心中希望要達到的目標。

4. 輔導系統協助

老師們不需要強求孩子一定得服從些什麼，總想著要求，孩子一定會令你挫折。此時，交給輔導專業人員進行協助，並將教、學、總、輔、心理師、社工等資源引入協助，這樣就能提供更全面的支持。而這麼多人或單位的幫忙，我們稱之為「系統」協助，老師從旁給予鼓勵，這樣您就已經幫了大忙！

▌五、讓弱勢孩子愛上學習

1. 走出教室的學習

過去 10 多年來，臺灣教育掀起了一股基層教師的寧靜革命。2014 年教師節，臺中市明德中學舉辦的翻轉研習，超過兩千人

參與,並延伸到夢的 N 次方,均一教育……等,再再顯示由下到上不可忽視的改革力量。我很慶幸自己沒有缺席,很有誠意用《要玩就要玩大的——起司班學習成長故事》[6] 一書參與其中,希望臺灣的孩子們在未來能夠獲得最大的學習利益。

心中很激動,因為看到了無限希望。接下來,我想要進一步推動「城市中弱勢孩子愛上學習運動」。城市中不愛學習的孩子很多,現況很慘,根據資料顯示——新北市長期缺課與中輟學生人數,遠超過官方的統計數。如果全國加總超過千人[7],這些孩子即使在資源相對完整的城市中,卻仍然缺乏有效的對策,對學校來說,是個很頭痛的問題。

在帶完「起司班」後,我自願投入這份艱難的工作。這項學習運動的最終目標其實很簡單,就是以這些孩子為主角,透過服務學校和發表學習成果,讓這些孩子有自己的展現舞台,肯定自我價值。同時,我會先從三峽國中開始,藉由一群優質行政與教師團隊,將這些理念推廣出去,並聯合其他學校將資源共享,服務更多的孩子。

2. 用豐富課程達到學習、服務、回饋、反思

要完成這項學習運動,首先必須有計畫,我想先將其稱為「資源式中途班課程改造計畫」。這項計畫將改造目前各校普遍實施的高關懷課程設計思考模式,用服務學習融入其中,讓孩子為自己的學習負責。在這過程中,以服務取代傳統的成果發表,

三峽國中資源式中途班課程圖表

技藝類
- 峽客餐廳
- 全能清潔王
- 料理世界
- 食農教育
- 噗噗澡堂
- 美食天地
- 峽中好彩頭
- 峽客蔥油餅
- 校外店家實習

才藝類
- 桌遊
- 彈指神功
- 扣人心弦
- 我是歌手
- 手工藝
- 防爆專家

藝術類
- 校園藝術
- 美的世界
- 木雕
- 皮雕
- 金工

服務類
- 歲末感恩義賣
- 用心愛臺灣
- 校園走唱
- 一起享清福
- 口罩套製作

體能類
- 馬拉輕鬆
- 小子難纏
- 武術
- 窗外有藍天
- 冒險課程

從 2015 年至 2020 年，我們開了非常多種類的課程，利用一張圖表來呈現，讓大家知道我們的努力。

註 6. 劉遵恕（2015），要玩就要玩大的：起司班學習成長故事，張老師文化事業股份有限公司，臺北市。

註 7. 根據行政院 111 學年全國中小學中輟人數調查顯示：輟學人數 2504 人，新北市輟學人數 492 人。（資料來源：行政院性別平等會，重要性別資料庫。）

教導孩子將所學的回饋給學校與社會，從而獲得有價值的成長。

接下來，我們只需要將課程安排進學年度課表中，再加上講師用心力挺，我們便可以創造很多動人的故事。在此提供107學年度我為中途班規劃的課程表，大家別驚訝喔！從右頁課表就可以知道，孩子們每天都很快樂地學習。

右頁課表有幾項特點：

（1）一週已超過35節課，可以滿足完全無法適應原班上課的復學孩子。

（2）安排假日校外活動課程，讓孩子放假不會趴趴走。

（3）課程豐富且多元，這樣可以預備接納更多需要學習的孩子。

（4）有許多外聘講師任教，增加學習廣度。

（5）與三峽地區店家合作，提供孩子實習的機會。（曾與我們合作店家：松柏園早午餐、臺糖烘焙坊、享日式料理、飛行船美髮、有德汽車⋯⋯等。）

我們只需營造孩子良好的學習環境，有好的環境就能增加孩子的安全感，從而減少中輟與再輟的學生。這需要長期的辛苦經營，參與計畫的老師必須先離開舒適圈，享受冒險樂趣，才能鬆動原有的經營模式，創造一個具有彈性的「心」模式，促進親師生之間有好的互動關係，這樣孩子自然能夠更容易學習與成長。

無論學校課程設計的多麼精彩，老師如何使出渾身解數教的得再好，孩子學的多麼快樂，最後還是得走出教室、學校，進入

107學年度資源式中途班課程表

星期	一	二	三	四	五	六/日
第1節 08:20-09:05	多元學習 （內聘） 張維慎	美的世界 （內聘） 黃世杰	窗外有籃天 （內聘） 日卡比洛	料理世界 （外聘） 郭敏昌	導師時間 （內聘） 徐力偉	特色社團 01/09 星期六 第1-7節 鳶山淨山活動 吳豫州
第2節 09:15-10:00	導師時間 （內聘） 徐力偉	美的世界 （內聘） 黃世杰	窗外有籃天 （內聘） 日卡比洛	料理世界 （外聘） 郭敏昌	冒險課程 （外聘） 蔡志昌 蔡敏玲	
第3節 10:10-10:55	桌遊 （外聘） 粘為東		窗外有籃天 （內聘） 日卡比洛	料理世界 （外聘） 郭敏昌	嘆嘆澡堂 （內聘） 徐力偉	冒險課程 （外聘） 蔡志昌 蔡敏玲	
第4節 11:00-11:50	桌遊 （外聘） 粘為東	校園藝術家 （內聘） 劉遵恕	小子難纏 （內聘） 黃國豪	料理世界 （外聘） 郭敏昌	嘆嘆澡堂 （內聘） 徐力偉	冒險課程 （外聘） 蔡志昌 蔡敏玲	
午餐／午休							
第5節 13:00-13:45	扣人心弦 （外聘） 易妮其	彈指神功 （外聘） 蔡耀頡	小子難纏 （內聘） 黃國豪	用心愛臺灣 （內聘） 劉遵恕	冒險課程 （外聘） 蔡志昌 蔡敏玲	
第6節 13:55-14:40	扣人心弦 （外聘） 易妮其	彈指神功 （外聘） 蔡耀頡	防爆專家 （外聘） 張美麗	用心愛臺灣 （內聘） 劉遵恕	冒險課程 （外聘） 蔡志昌 蔡敏玲	
第7節 15:00-15:45	扣人心弦（外聘）易妮其 ／ 峽客餐廳（外聘）史鳳仙	彈指神功 （外聘） 蔡耀頡	防爆專家（外聘）張美麗 ／ 峽客餐廳（外聘）史鳳仙	用心愛臺灣 （內聘） 劉遵恕	冒險課程 （外聘） 蔡志昌 蔡敏玲	
第8節 15:55-16:40	峽客餐廳 （外聘） 史鳳仙	馬拉輕鬆 （內聘） 鄭祥宏	峽客餐廳 （外聘） 史鳳仙	馬拉輕鬆 （內聘） 鄭祥宏		

現實社會。我們期待孩子有好的表現，就要努力達成目標，這樣才能有機會培養出對社會有用的人才。

3. 每個課程都必須有個學習服務目標

自2015年後，我深刻地發現，走出教室的學習真的很需要。課本中的知識無法讓孩子們有效思考及面對快速變化的未來，我們需要讓孩子學習面對問題，必須從課本出發去探求問題根源，並找到解決問題的方法。我投入一項艱難的工作，帶領中輟與高關懷的孩子們，體驗不同的學習經驗。對於常處於學習失敗經驗中的孩子們來說，如何幫助他們力挽狂瀾，真的是一個讓我傷腦筋的挑戰！

接手中途班後，我心中一直以「服務學習，學習服務」為主軸，要讓這些孩子服務他人確實很困難，帶著相信孩子都有顆良善的心，所以在開設課程時，我希望每個課程都必須有個學習服務的目標，例如「窗外有藍天──籃球課程」，我們計畫讓孩子組成籃球隊，在有紀律規則中學習輸贏，最終與本校飛

氣球課程每週三下午都會與峽中幼兒園小朋友遊戲互動。

魚籃球校隊進行一場友誼賽，孩子們自己規劃比賽，從邀約、場佈到善後都自己來，這樣的過程一定能增加他們的自信心。

桌遊是可與教師、家長、同學、幼兒園小朋友、養老院長者一同學習的遊戲，但，孩子首先要學會遊戲規則，接著是會玩遊戲，最後是帶領遊戲。會了這些技能後妙用無窮，透過遊戲就會讓自己成為主角，並發現自己的重要性。同樣地，學習烏克麗麗也有類似效果，我們還結合唱歌，讓孩子自彈自唱，這樣不僅可以讓彈琴這件事變得豐富，也更能提升表現力。

武術、空手道加上音樂就能變成一套精彩的表演。中餐、西餐更不用說，吃本身就很有吸引力，若再結合服務師生，大家一定會讚譽有加。我還計畫舉辦餐會，讓孩子們有舞台展現自己外，若還能服務這些孩子們的家長與師長們，相信他們定會給予孩子們最真誠的肯定。

桌遊課程每週五都會到清福養老院，一起和阿公阿嬤享清福。

4. 用服務學習，學習服務培養社群情懷

或許大家心中會有疑問，這些需要被關心的孩子，怎麼能夠服務他人呢？為此，我們很大膽地帶著孩子們來做，用一種實驗教育的心態，小心翼翼地進行評估與討論，結果發現，服務學習對於大多數學習成就低落的孩子，產生了許多正向的反應與回饋。

(1) 過程中發現不足，可立即補強，例如缺乏禮貌就要教會表達。
(2) 孩子在服務學習時，好的表現很容易被看見，會得到立即口頭獎賞。
(3) 增加各項技能的學習動機，讓孩子們可更專注在學習上。
(4) 同儕間會給予欣賞與正向回饋。
(5) 孩子安穩地在學校，就能得到家長的支持，也放下沉重的心理負擔。

這個歷程正好符合阿德勒所說的——當一個人具有社群情懷，以關懷他人和服務人群為目標的時候，便會努力提升自我，培養出服務他人的能力。老師帶著他們，陪伴他們，可以快速建立好的關係，加上小班制的教學，可以讓孩

帶孩子服務師長家並做職場訓練。

子得到更多關注。有目標的學習服務能夠給予孩子肯定與成功的經驗，教師提供平台為孩子創造了實踐的場域，讓他們有機會證明自己有服務人群的能力，這些對孩子來說是十分重要的，也是最能激發孩子們內在的信心。正如阿德勒所說，能夠讓個體重燃對自己信心的鼓勵，才是最精確的鼓勵。帶著孩子一起共同進行的過程中，我們常常能給予孩子們精確且鼓勵的話語。

5. 透過技能學到好品德

容我花時間介紹幾項課程讓讀者明白。

（1）「全能清潔王」：習得技能走入職場

三峽國中中途班課程設計目的之一，是讓孩子有更多與我們以及外界交流的機會，「全能清潔王」是 2018 年至 2020 年間很受到歡迎的課程，因為它涵蓋的服務面廣，技術門檻高。孩子學會後，除了可以利己利他外，還可以朝向創業發展。每人家中一定會有冷氣機與洗衣機，雖然擁有但不常保養清洗（公部門因缺乏保養經費，問題更嚴重）。這為我們提供了非常多機會，讓孩子能夠好好表現一番，光是校內冷氣機多到洗不完，表示孩子將有做不完的事情。如果服務工作向校外推展，寒暑假會讓孩子過得十分充實，降低在外遊蕩，發生不良事件的風險。

只要孩子願意，他們一定能透過這項技能學到好品德，並學會與消費者溝通，這樣能夠大大提升孩子的表現舞台。我們也利用假日，帶著孩子去老師家服務，每次服務結束後，老師們都會

立即給孩子回饋，孩子們感到很開心。後續章節將會有更多說明。

（2）「美的世界」：改造學校閒置空間

另外一項結合服務和學習的課程是——「美的世界」，帶著孩子改造學校閒置空間，深獲校內師生好評，3年來我們陸續創造出峽中七景——教師會辦公室、集哺乳室、家長會辦公室、輔導處諮商室、峽藝空間、在地下室排水溝養魚、學務處談話室。

學校閒置空間通常是無人管理，形同廢棄，如果這空間又在地下室，讀者或許能想像到髒亂、空氣中充滿著霉味。這些孩子

只要不上課,什麼工作都肯做。於是像忍者龜般,開始改變這些不堪的空間,從清理、除壁癌到粉刷,改善燈光和通風,一步步朝向空間藝術化的目標邁進,和孩子一起做事很有趣,可以聊很多事,聽他們分享歪哥故事,笑中有氣,氣中有情,不知不覺工程進度超前,彼此關係也超越預期。每個空間像醜小鴨變天鵝般讓大家驚嘆不已,孩子們一次次成為峽中正向空間創造的小尖兵,沒想到吧?!在日復一日的談笑中,竟然做了那麼多好事,這就是好課程的魔力。

阿德勒降落

阿德勒強力主張:「社群情懷」是一個人健康的指標,有「社群情懷」的人才能以平等待人。這樣就不會以高人一等作為優越感的目標。不隨意論斷他人,就是一個「社群情懷」的展現。如果我們都能夠具有「社群情懷」,這個社會會幸福、平安、喜樂多了。(節錄《阿德勒學說的核心精神:社群情懷實踐在生活中》,作者:曾端真,2020年。)

05

中途班教育
課程實錄

——劉遵恕

體能類課程──合作與共好

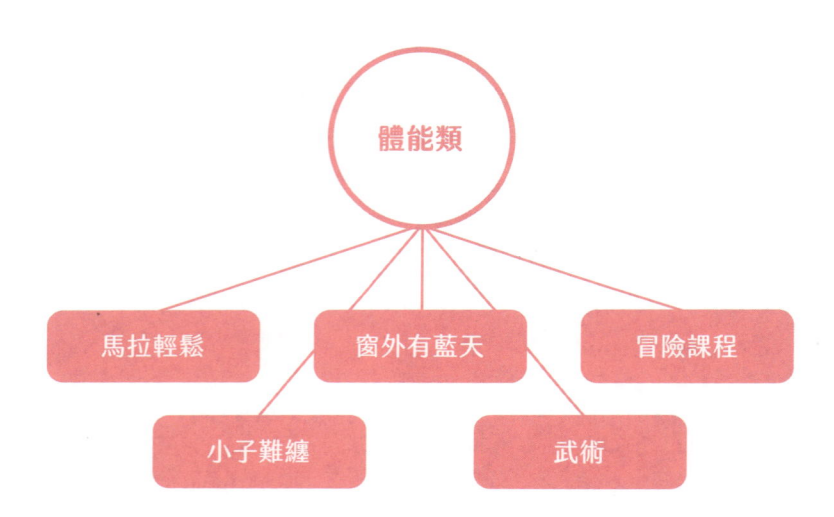

```
            ┌─────────┐
            │  體能類  │
            └────┬────┘
       ┌────┬────┼────┬────┐
   馬拉輕鬆  小子難纏  窗外有藍天  武術  冒險課程
```

■ 找回平靜與單純的心：登山挑戰活動[8]

2015 年 3 月，許久不見的太陽，今早終於露臉了，預告好事即將發生。還記得前一陣子跟阿強說，我一定會留個登山名額給你，老天聽到了。隨著阿強不來學校的日子增加，念頭漸漸消磨殆盡，失望之餘，只能趕快將名額讓給其他有機會改變的孩子。與桃園市校外會合作的「百岳自我挑戰活動」說來話長，用因緣二字寫來較快。校外會給了我們 4 位名額，但可以選擇的孩子遠遠超過了這個數字，最後誰去？有很多考量，但孩子才不管這些，三不五時就會有人說他要去。最後阿強慢慢地被排除在

遙望遠方，目標在那等你。

外，花了一番功夫考量的人選，又在當天崩盤。為此，兩天來我們就像陀螺似地轉呀轉，一心只想機會難得，名額不能浪費，但也無法強求。

　　一早的陽光好似給了訊息，一進辦公室，就看見了阿強，心想不會繞了一大圈，此刻回到原點！？只花了 1 分鐘對話，和他重新描述這 12 天的活動，聽完後阿強說：「沒在怕的。」我立刻用堅定的口氣回答：「走！」跟明城借摩托車，飆去桃園校外會，活動集合地點，心中只想著昨天呂教官的提醒，8 點 30 分前都可以將孩子送來，終於完成一個任務，我對阿強的承諾還

註 8. 登山課程是 2015 年至 2016 年，為孩子們量身訂做的中介課程，由曉飛與存齊兩位外聘講師帶領，規劃三峽地區郊山為主要體驗課程，但偶爾會挑戰攀登七星山、合歡山以及露營、溯溪。

陪伴
讓迷途孩子喜歡學習的新思維課程

是兌現了。這座山會給3位孩子什麼智慧呢？我想全看因緣。三峽3位小勇士，小勁、孔哥與阿強，一週後，我們將帶山下老師與其他同學的祝福與你們會合，奇萊山見！

> 今天孩子夜宿福壽山農場，一切平安，還上了「山行規則」一堂課

3月23日星期一，行程：福壽山農場→天池→華崗渡假民宿（宿營）。

今天孩子從福壽山農場出發，天空下著雨，大家穿著雨衣展開訓練。早上是輕裝7公里的森林健行，練習登山杖使用及教授上下坡步法。我想練習量應該不大，但下雨卻很折騰，下午將由營地揹重裝走到華崗。昨天晚上阿祿教官的激勵奏效，對於這樣行程，孩子說：「乾單，抹哩驚啦！」

> 步道旁金翼白眉、栗背林鴝一定很奇怪，這種天氣怎麼還有人上來，他們要去哪裡？

在山下的我們應該也要開始練習，不然很擔心自己的狀況不佳，下週二將另外帶大正、安懿、阿誠3位孩子與小勁、孔哥與阿

體感溫度零度，孔哥橫渡合歡溪。

強會合,到時候就會變成登頂六小福。

3月24日星期二,今天孩子即將挑戰,華崗→慈善宮→圓環→合歡溪步道→華崗登山口→西合歡山(宿營)行程。

由於山區氣溫低,合歡山已經開始下冰霰,所以難度比起昨天略有提高,橫渡合歡溪是今日的重頭戲。

峽中70生日快樂!

> 溪邊的鉛色水鶇說:你們又沒翅膀,怎麼飛過溪啊!

找到最佳的渡溪點,先鋒過溪做好固定點,小阿魯率先下水,果然是布農勇士,7秒鐘俐落到了對岸,回頭比著大姆哥大叫:「超爽的!」孩子們見狀,沒有一個猶豫,一個接著一個在安全確保下,完成了今早的第一關,孩子在體感溫度0度以下低溫裸深渡溪,只能說真勇。越溪後,雨中的合歡溪有些兇猛,緩流處依稀可見那聞名的湛藍,溪水已漫過攔砂壩,泰雅勇士文俊和阿祿教官在上游處,又下起大雨,旭峰教官架好攀繩,全員順利上攀,陡上箭竹林海,但他們已不怕濕了。目送他們消失在密林中,此時,回望合歡溪已成澎湃黃流。同時,在雨中行走於

困難地形並成功穿越合歡群峰,目前隊伍已安全抵達合歡山小風口,安全狀況良好。只能說——年輕真無敵。

孔哥與我回憶這段故事,分享了一段美麗的畫面,老師我抬頭望向群山,山壁上的松柏讓我有種特別感受——寧靜,可惜身邊沒有相機,但畫面已印在腦海裡,我想孔哥會因為這個畫面,學會靜下來,課本教不來的,只有大自然來教。

3月25日星期三,今天預定行程,西合歡山→水池營地→鞍部→北合歡山→小溪營地(宿營)。

晚間飄下白雪,一夜間竟讓合歡山變白,由於天候實在不好,趁著空檔,讓他們變成孩子,盡情地在雪地玩耍,完成電視、電影才出現的雪仗、堆雪人,人總會有許多的第一次經驗,但這一次將會很不一樣。緊接著進行雪地訓練,在合歡山附近感受雪地行走艱難,今天花了許多時間在室內進行討論課程,不過很感動的是,三峽國中校旗已經在合歡山雪中展現,表示峽中堅毅創新精神,走過70年載,也預祝70週年校慶成功。

3月26日星期四,今天孩子可說是充實的一天,隨著天氣放晴,課程也精實起來,一早用完早餐,從大禹嶺到慈恩登山口上爬羊頭山,羊頭山海拔高度3035公尺,一切平安順利。夜間進行今日行程反思及明日課程準備,看到孩子們的笑容就可以知道,漸入佳境。過了這個假日,即將面臨最後考驗,山就在那裡,如同一面鏡子,反映自己身心靈的狀態,希望孩子能看見自己的好。

今天的笑容,讓他們又回到單純的15歲,在百岳老么羊頭

山頂，看見孩子們的潛能，一個在山下兩膝受傷的孩子，更是一路領先。當隊伍重回登山口，每個孩子都很興奮，有位孩子問，明年可不可以跟小阿魯一樣回來當助教。文泉教官昨天從高雄到翠峰，再耗約 6 小時翻越積雪盈尺的合歡山與我們會合了，晚上與合歡山警察小隊報備今明兩天的行程，文泉教官將帶領孩子們進入第 2 階段的課程。

今天是連續 10 小時的陡削山徑

3 月 26 日星期四——年紀大了，跟不上孩子們的速度，呂教官說道，原路返回出發點靜靜地等待，3 年前和我們花了 18 天，從花蓮銅門冒雨翻越中央山脈再走完合歡山群峰的布農小阿魯，是此行唯一的助教。這幾天他所展現的成熟與負責，影響著其他孩子，小阿魯國中 3 年上課的天數，比和我登山的天數還少，這幾年他已和我走過近 20 座百岳了，在下北大武泥濘山徑上，小阿魯說：「山下的路比山上還難走。」一個沒有國中畢業證書的孩子，現在已是高三，即將畢業，而且想好了未來的路。這是在 3 年前，在能高越嶺古道上我們這些教官們所無法預想到的。

獨自在好靜的山裡，突然想起約翰・繆爾——「上山去，聽取山巒的佳音，自然的安靜將注入你的體內。」今天出發時，孩子們靜的出奇，好一段時間沒聽到三字經了，應該也是自然的安靜注入他們體內了，此時寂靜的森林裡，無線電傳回孩子們抵達

目標地的歡欣呼叫。

3月27日星期五，宿營地外又灑了糖霜，感謝老天每天給我們不同的體驗，今天將重裝揹著帳篷走到820林道的盡頭。在雪地中紮營，對孩子們又是另一種試煉，隨著氣溫下降，雪愈下愈大！820林道原本就很美，雪花紛飛的820更是美得令人摒息，不敢換鏡頭，因此無法攝下現場的感動。

在風雪中，照相考驗相機鏡頭的耐受度，也考驗孩子們的意志力，一路上文泉教官不斷地安全提醒，下午1點可抵達8.9K林道的盡頭。文泉與阿祿設計好一連串的雪地求生課程，晚上就讓孩子們在沒有訊號的雪地中求生，暫別文明。

3月29日星期日，昨晚零下6度，這群孩子不但撐過來，

山下路其實比山上路難走。

一早還去登中橫四辣之一的畢祿山，10點30分登頂。南湖、中央、聖稜線和奇萊連峰環繞著他們。820林道裡的小水瀑停止流動，教官及孩子們的心卻熱血興奮。

　　3月30日星期一，我帶著3位孩子與冒險課程曉飛老師，終於上山與小勁、孔哥、阿強會和，開了4小時的車抵達合歡山遊客中心，真覺得自己很強，雪景是我第2次看到，上次在霸王寒流來襲東眼山看過，但高山雪景還是不同，加上雀躍心情，我想接下來行程必定精彩。曉飛老師的廚藝真沒話說，兩三下就推出法國三明治，我看孩子們也十分興奮，我們都是首次經驗高山、雪地登山，此刻想必有許多相同感受，出發前還帶孩子面見校長，孩子覺得榮耀，我也替他們開心，接下來會發生什麼？這就是人生，誰也不知道。

　　下午見兩位孩子出現高山症，與曉飛老師討論決定，立即下山，先下到清境看看孩子狀況，如果不行再下，答案揭曉，晚間12點抵達三峽，夫人看到我吃驚地說，怎麼這麼快，我只淡淡說安全最重要，心中卻有些失望，留下3位勇士在山上，下山的決定是種煎熬，人生舞台不就是這樣，上台容易，下台難。

　　3月31日星期二，活動接近了尾聲，孩子及教官們都通過考驗，從現在開始一路下坡，今天步行至翠峰夜宿。他們一定會懷念上坡的，我問一個特別的孩子阿強，明年要不要當助教再上山。他毫不考慮地說：「好，一定要喔！」

　　4月1日星期三，回到久違的城市，在結業式上，這群勇士

留下感人的眼淚，多麼珍貴！

好久沒流淚才越顯珍貴

　　這是一群最善良、最用心、最瀟灑的帥氣英勇現職教官、退休教官與義工所組成，為年輕一代登百岳登峰極限的「冒險治療團隊」，旨在找回失落及被遺棄的青少年朋友，激發青少年自信心及內心潛能，並關懷弱勢學習的孩子們。創造這樣的機緣，翻轉不一樣的人生。

　　一天 8 節……沒有讀書動機的坐著，實在太可憐與苦澀，缺乏多元能力的探索與培養，未來的人生路也比較辛苦！登山不僅是自我的探索，也是一個生命的挑戰，更是孩子們成功經驗的累積。祝福孩子，未來登上人生頂峰，也感恩這些協助付出的人，只因為──「愛」。

桃園市校外會

為您介紹桃園市校外會

桃園市校外會自 2010 年迄今，每年有一群犧牲自我家庭陪伴時間，克服各種困難，發揮軍人本色精神等現役教官，退休教官及志工，2015 年自 3 月 21 日起至 4 月 2 日為

期兩周【穿越世紀奇峰夢想起飛戶外冒險體驗營——奇萊山】，帶領孩子們爬越合歡群峰，橫渡合歡溪，挑戰急湍的高山溪流，最後登上奇萊主峰等百岳，過程除了需要勇氣之外，更需克服冰冷的失溫感覺，行程充滿了種種險阻。勇敢教官、退休教官及志工們，一路帶領學生穿山越嶺勇渡高山溪流，登上百岳山頂，讓孩子們找回自信心及被遺棄的肯定，並從山原裡自然教室中獲得了一生無法抹滅的智慧，這也是大家所說翻轉教育的教授方式。而這些被學校老師遺棄及家長們眼中排斥的弱勢學生們，在這群熱心教官的眼裡，他們卻是絕對的聰明、活潑、好動，只是教官們知道這群學生需要用不同的教育方式，來教導喚醒他們心中的潛能，激發他們的智慧及無限可能。這群最有愛心的教官、退休教官及志工們，加油！

您們是否有看見這些默默為弱勢及被遺棄小朋友們，努力付出的現役教官及退休教官，每年為了這些學生，犧牲自己時間及不怕死的精神，完全忘了自己，並自己找錢、出錢？而這群學生就是靠著這群傻蛋教官，來啟發引領他們找回自信及正確的人生方向。如果這些是您們的小孩，不知您們看了這則感人的事物，您的感受會如何？沒有他們犧牲自我，找回這些被遺棄的弱勢學生，還有何人會願意這樣付出啊！您們難道還是無法心動，當這些傻蛋教官、退休教官的後盾嗎？

後記──阿強 2015 年活動完後的這些年

在人生遇到抉擇時，阿強都會來我辦公室，上次來看我時是入伍前幾天，看見一位充滿希望的年輕小伙子，像是等待重生般與我分享當兵的想法，他說：「老師，我看破了很多事情，在道上要混得有錢才有朋友，沒錢，人看你沒有，我想趁此加入特種部隊，過著穩定的生活。」這一段充滿能量的對話，振奮的我，給予他深深的祝福。

國中時，他曾是社區拳擊隊一員，教練說他是天生好手，與生俱來的好條件，也讓他如魚得水。不過個性使然，情緒常淹沒他的理智，火山熔岩般的宣洩方式令人棘手，用拳頭打凹飲水機，用椅子砸鐵門，畢業後在外打架，打到對方骨折。國三時一段機緣讓他有機會用 11 天，挑戰合歡群峰，從拍回來每張照片以及他和我分享的內容看來，這 11 天的確讓他心靈得到救贖，回到現實，他也曾有股向上的心。畢業後第 2 年有膽識地開了一家小吃店，學校老師開心捧場，他也開心帶著便當從三峽騎車到桃園送餐給淨灘活動的學弟妹們，幫他們打氣。

2019 年某天阿強神情不比以往，他又回到了江湖。沒有錢不行，在江湖一天的金錢可以超過工地月薪，接下來他與我分享的內容，讓我心情進入黯黑。小吃店開沒多久就收攤，從軍的決心，因為放假打架，還拿刀捅人而被除名，我問為什麼？他說：「對方吸毒，帶一群人找我麻煩，氣不過所以……，老大幫我付了 80 萬和解金，回到部隊判軍法，部隊無法讓我簽志願役，因

為深怕我毀軍紀，一次次欠老大人情，所以回不去了，加上媽媽不要我，兄弟不認同我，豁出去了。」

「老師！我已經是個沒靈魂的人，命早就不放在眼裡，反正人都要死，我寧願死在槍口下，也不願回到痛苦。」我問：「你有信仰嗎？」阿強回答：「對我沒用，因為我不信。」他說得越多，我的心越是沉重，黯黑將我心中的正能量很快吸走。

阿強，感謝你回來看我，讓我知道2015年的初春，學校讓你留下美好的回憶，不論你未來如何？記得你臨走前，老師千交代萬交代的兩個字「平安」。今天過了氣餒的一天，沒幫上什麼忙，腦中思考著這項工作的意義到底在哪？最後還是安慰著對自己說：「給了阿強4年的改變希望，也由衷祝福他──未來平安」。

曾是學校頭痛人物，中途課程讓他安靜下來，專注在體驗反思與學習，畢業後的工作與從軍就是最好的成果，我們很想多陪伴孩子，尤其是受創傷的阿強，我也只能盡力而為，阿強選擇將社會、家庭與人變成複雜，學校簡單的學習生活應該變成他內心追尋的桃花源，我，還是在這裡堅守著，等待阿強的靠近。

▋面對挫折的勇氣：溯溪活動

從希望變成害怕——檢討目標設定的契機

中途班畢業溯溪挑戰活動[9] 2016 年 5 月 19 日至 5 月 20 日正式展開，我們選擇在自己故鄉辦此活動，三峽區有木里蜜蜂世界，預計 20 日溯中坑溪。這個活動最早的規劃是登玉山挑戰活動，學期初我們還為此先舉辦七星山登山活動，其目的就是先讓孩子了解山、了解自己的體能狀況，最重要的是凝聚挑戰玉山團體動力。七星山活動達到我們的預期目標，孩子回來後對這活動有感，對玉山挑戰抱以希望，沒想到在會考前 1 個月開始急遽轉變。

先是 3 位孩子參加桃園市校外會舉辦「超越自我，挑戰極限」合歡群峰 12 天越嶺活動，活動期間很佩服孩子的毅力與不畏艱難精神，因此 3 月 29 日還帶另外 3 位孩子從海拔 0 公尺爬升到 3400 公尺，與 3 位勇士會合，沒想到 3 位孩子因高山症，體能狀況奇差無比，當天決定下山返回三峽。反思這些事件的前因後果，發現孩子真被山嚇到了，回來後，孩子口耳相傳山的可怕。不妙！這不是我們的預期，但也無法力挽狂瀾。

不斷地更改行程就是為了達到學習目標

直到接近 5 月 19 日，孩子一個個退出玉山計畫，後來與曉飛教練討論更改計畫，大家不知道有無此經驗，爬山快登頂時，

遇到不可抗拒因素而決定中途下山，這是登山者很大的心理挑戰，如同我策畫這麼久的活動，眼看接近臺灣聖山——玉山，卻只能望山興嘆。

改變計畫後的三峽中坑溪溯溪挑戰活動。

更改計畫後指向三峽北插天山，結果一樣乏人問津，直到活動前一天改為溯溪，原先搖擺的孩子有了正面回應，從只有 1 人參加到 8 人，你可能會有疑問，這樣改變不就只是迎合孩子，但是仔細想想，教學目標如果設定太難，團體動力太差，造成孩子排斥學習，你會不會調整？溯溪如果被孩子們接受，我們就好好地運用這活動來達到相同的學習目標。

美好回憶要由自己創造

到了營地紮營後發現，孩子們紛紛撿拾柴火，有人幫忙煮晚餐，自動自發，大家在曉飛教練領導下，準備學習生活常規。當

註 9. 此活動是 2016 年為孩子們量身訂做的中介課程，由曉飛與存齊兩位外聘講師帶領，為了驗收孩子們合作學習成果而辦理。

孩子口出穢言時，教練就會請孩子站起來靜默20秒，還特別強調不是懲罰，是請你冷靜想想這樣說對不對。隨後孩子會跟大家說對不起，在學校，我們不太可能做到如此細微，但是在這裡可以做到。而且到後來孩子也會主動跟大家說對不起，不需提醒，曉飛老師希望在每堂課，每位老師都要求孩子這樣做，這樣力量會很大。晚餐時老師還集合大家，介紹食材讓大家知道如何烹調。課程在生活中開始，這樣的體驗教育從做中學習分工、食物認識與烹調，孩子很能接受。

孩子們出外找的柴火，一批批拖回營地，城城拿著柴刀，劈成營火晚會使用的木材，聽他說手都起水泡了，還是能在碎碎唸中將工作完成。當營火升起那一刻，大家驚嘆了！看著這團火，頓時回到我專科時光，那時年輕，也是營火，串起社團裡每個人的心，一起唱歌、跳舞，營火舞、第一支舞、東南苦行山、山之組曲，整晚不嫌累，但是年紀大了，體力不比年輕，只能將力氣用來回憶。晚間雯華主任帶著女兒、力偉老師和校長，一起參加中途班畢業營火晚會，對孩子來說相當的特別，跳營火舞、玩真心話大冒險。大正在真心話中說出他欣賞的人是淑女，獲得瘋狂的掌聲。我在大冒險時親了城城大肚皮，有趣……。頒獎典禮上，孩子們都拿到很特別的證書，證明自己有能力過好生活。

當晚主任與校長帶來好消息，應TVBS邀請，將要採訪淑女。因為她曾經有一段時間沒來上學，也就是中輟，後來因為大家的努力，讓淑女感受到關愛，之後，天天來上學。她的改變我都看

淑女接受採訪。

在眼裡，心中當然喜悅，有這樣的孩子我們努力真值得，別問我播出時間與實際內容，真不知道，開心就好。對輔導工作來說，改變真不是一件容易的事情。

教師的讚賞：催化孩子的改變

藉由此事讓我多說說淑女的成長故事，去年擔任專任輔導老師時，成立峽客咖啡屋與烘焙坊。淑女 8 年級時，因為上學不穩定而加入學習煮咖啡、製作各式口味土司麵包，用最實惠價格服務老師，後將得來的收入買材料，再服務老師，這良性的循環下，讓她學習吃苦，從中找到自己的價值。因為淑女喜歡烘焙，這樣的學習不僅帶來實質效果，還讓她的上學頻率增加，遲到狀況也顯著減少。趁著這個好結果發生，在與淑女討論後，我們峽客咖啡屋又推出研磨豆漿，選用非基因改造的黃豆，只使用水與黃豆天然原料製作而成，在試做期間，每位老師喝過都說讚！淑女與老師互動的機會增加，其結果可想而知，親近老師得到讚賞，哪個孩子不願回來，當時我們還很天真地立下咖啡屋願景，希望未來的每一天，都能讓老師們喝到健康。

服務、健康、美味、成就都在峽客咖啡屋中，孩子穩定後還發揮創意，將豆漿取代牛奶，製作出豆漿咖啡，除去動物性脂肪，改用植物性蛋白質，健康提升，別有一番風味。我想，她一路走來，感受到了學校、老師對她的重視，她的改變就自然而然地發生了，雖然偶爾還是會跳針，但她的改變足以讓老師用更大的寬容來對待她。

成功經驗越多，未來面對挑戰與挫折忍受力越高

回到溯溪活動，這項活動融合團隊合作──判斷、決策力、溝通與同理心。從過程中，令我印象最深刻的是城城的成長。別看他外表勇猛壯碩，但是活動中觀察，內心卻有顆玻璃心，小心翼翼深怕受傷。過程中有個跳潭活動，當時完全看不出他的勇敢，僵持了好一陣子，最後，一躍而出。我想，當下他一定瞬間領悟到自己能突破內心的障礙，隨即享受的是喜悅與放鬆。這自然療癒的力量，從他身上可以得到證明。回程時，還是可以發現，他又不時地回到玻璃心，這是完全正常的表現，需要時間來沉澱。不過，勇敢的成功經驗已經種植在他的心中，下次，當他面對挫折時，一定會想：跳潭我都能成功，那有什麼不能嘗試的！學習是經驗堆疊而成的，成功經驗越多，未來面對挑戰與挫折的忍受力越高。願老天多給這群孩子這樣的機會。

▌創造成功經驗：冒險訓練課程

2017 年至 2018 年這兩年的孩子與我們互動融洽，學習品質一致性佳。為了讓他們更認識自己，中途班設計了一門名為走出舒適圈的冒險課程。每次上課時，都可以發現孩子全神貫注地投入其中。能夠上此課程的同學，必須通過我們設下的門檻，符合標準才能參與，這些標準每週都不一樣，而且是向上堆疊，例如：第 1 週可能是參加始業式，第 2 週準時交中途班聯絡簿，第三週除了準時交聯絡簿之外，還要寫上 50 字以上心得，如此堆疊要求，孩子都能遵守，也能擁有許多良好的習慣，加上一學期冒險課程的訓練，品格一定有顯著的成長。對於沒能跟上的孩子，我們會透過孩子們的幫忙與討論來協助他們。如果仍未完成，我們會請中途班導師進行個別輔導。每次設定的標準都是與大家共同討論決定的，所以孩子們也十分認真地完成，很少有孩子抱怨或無法達成的情形，我們希望能為孩子們創造成功的經驗。這樣延伸出另一個好處是，大家會互相協助完成目標，因為孩子們都很想參加這門課程。

這樣堆疊的要求方式，是多年前聽見有人對學校整潔與秩序

陪伴
讓迷途孩子喜歡學習的新思維課程

評分制度的改善見解，傳統都是先設定標準，依據高低分給予獎勵，但是為何不設定漸進式標準，只要達成通通有獎，最後全校皆可達成最高標準的要求。這一轉念的想法一直擺在我們心中，直到冒險課我們毅然決然採用此法，截至目前為止，孩子們都願意為一週一次的冒險課，勇於冒險並成長進步，努力達到我們要求的標準。

學習團隊合作

由於曉飛、存齊老師離開，接下來這兩年課程由蔡志昌教練接手。他是一位很有故事的老師，目前服務於三峽插角國小，帶領山上的孩子學習山野自然教育，本身又是國家級武術教練，三峽「勁松門」武術團就是由他創建，帶孩子們參加大小比賽，讓武術教育與表現被看見。蔡教練像是魔法師般，用一條繩索征服孩子的心，繩結教學、高空垂降、互助攀岩、避難小屋搭

建到無支點直壁攀爬與確保，這些課程都在教會孩子一個重要觀念——團隊合作。

讓孩子心理素質變得強壯

這些孩子有一個共通特性，就是高自我中心，自信心不足，加上有待提升的道德層次。他們自以為是的語言常常在與人互動中受挫，更麻煩的是，家庭支持功能薄弱，種種交錯複雜因子，讓這群孩子總是跌跌撞撞。如何讓他們的心理素質變得強壯，是中途班冒險課程設計的主要目標。

冒險課的意圖十分鮮明，提供孩子一個陌生情境，讓孩子離開舒適圈。這會讓他們當個不多話的旁觀者，不太敢一下子將「自我」端出來應對。就在此時，教練們會搶得先機，制定一套學習規則，打破孩子原有的刺激反應結構，藉由團體動力的催化，激發出服從性。

教練很清楚地將理念傳達給孩子們：大自然深不可測，隨時都在考驗每個人，如果不靠團隊力量解決難題，就無法與自然和平共處。簡單來說，就是要學習找到自己與團體間和諧共處的方式。舉例來說，教練帶領孩子溯溪而上，短短 50 公尺就可能花半小時以上，高低落差需要靠團隊討論攀爬路線，等確定好後又要思考不同體型夥伴的先後次序，誰要當先鋒、確保與殿後，沿路考題不斷，因為不合作，孩子們就會爬不上，無法完成團體目標，甚至發生嚴重意外。在現場常常看到的風景是孩子不斷為團隊著想的畫面，十分美麗。

協助孩子們完成自己設定的目標

　　最近教練與孩子在休息、聊天時，共同設計一項自我挑戰的活動，孩子想溯溪攀爬完成後給自己一份特別禮物，在秘密基地上搭建小屋，然後睡上一晚。教練很開心孩子擁有自發的冒險精神，不過完成夢想前需要通過團隊合作與技術考驗，教練才會帶他們去，這段期間學習更賣力了，因明確的目標讓團隊動力滿滿。我小時候很迷湯姆歷險記，所以很羨慕孩子們冒險決定，我也希望能和他們一起完成目標，一圓我小時候對冒險的夢想。

　　教練帶孩子學習生火野炊，上課還外加一堂採購課程，帶著一夥人到市場購買野炊食材，練習開菜單、選購、學習開發票收據，教育就是要這樣，不放棄任何學習機會，讓孩子覺得自己有能力，其實每一個人都比想像的還要美麗，看見美麗心更美好。

> **阿德勒降落**
>
> 「勇氣」就是克服困難的行動力。阿德勒曾表示,當我們深陷困難時,心中還想著關心對方,考慮著對方,就是擁有勇氣。如果選擇逃避走輕鬆的路,就會朝相反方向得到糟糕的結果。冒險課程就是在實踐為團體付出的精神。

▌學習合作與共好:跨校性籃球友誼賽

想要贏就要先學會輸

擔任專任輔導教師時,我認識了樹林高中的專輔老師——育豪,育豪老師是位熱情、專業與積極的輔導人員。沒想到2015年,我們同時擔任輔導行政工作,更有緣的是,照顧高關懷孩子是我們共同的業務,這也讓我們有了更多交流與合作的機會!我的運動強項是壘球,但國中孩子喜歡打籃球,為了順應孩子喜好,同時提高兩校交流的可能性,於是中途班成立籃球隊,聘請臺北大學籃球隊楊老師當孩子們教練,孩子們很喜歡楊教練,因

陪伴 讓迷途孩子喜歡學習的新思維課程

為有著大哥哥的年紀，再加上帥氣，非常符合孩子們的喜好。

緊接著問題來了，這些孩子每個人都不錯，但是合作打籃球時，卻誰也不讓誰，這讓教練傷透腦筋。個人英雄式的打法絕對行不通，當我又得知孩子上課時很不專心，讓教練很難帶領。儘管如此，我還是積極地找尋孩子成隊的目標，繼續與樹中聯繫比賽時間，但心中卻有種不太妙的感覺，因為我們贏面不大，可能得先讓孩子學習「輸」的準備。以下是我與育豪聯繫的過程。

第一場比賽。

豪：遵恕，考量學生愛面子，讓他們練一下球技，我想把SSA（三峽、樹林籃球友誼賽）訂在 11 月 13 日（五）跟 11 月 27 日（五）。第一次比賽後，有了輸贏，回去練兩禮拜再來比一次，不知道你覺得如何？時間安排在上午 9：00~11：00。

恕：OK！

學習運動家精神

簡短的對話就促成此活動，又讓我證明「事在人為」這句

話，只要有心，其實不會有太多困難。當我把這項計畫告訴孩子，孩子們都很期待，但打球的態度仍沒有進步。而我依然抱著悲觀，從教育角度來看，我是無比振奮與歡喜，兩校孩子交流是一項創舉，藉由一顆籃球，一場友誼賽，不僅讓承接此業務的大人們感覺不孤單，孩子們則跨出校門看世界，讓他們學習「人外有人，天外有天」這句話的意涵。更重要是學習運動家精神，所以我們絕不會只辦一場比賽，而是會盡所能的辦很多場，讓孩子們從比賽中學會輸贏的道理，雖然也許會有情緒與激情，但我有信心，這些過程絕對具有討論價值，我們更不擔心孩子間的串流，如果是好的串流，能發揮出的力量將遠超過想像。

第二場比賽。

正向情境會讓孩子改變態度，提高學習專注度

果不其然，比賽當天孩子們都非常興奮，從一張張照片中可以看出。第一場比賽在三峽國中的主場開打，比賽的激烈程度連我這門外漢都緊張萬分，情境會讓孩子改變態度，他們的專注度

比賽中最美的畫面。

極高,十分遵守規則。即使肢體有碰撞都能相互包容,運動魅力無窮,讓每位孩子學習到禮貌、默契、積極不放棄。我們很開心發生這一切,心中無比雀躍。這一天場邊也出現安溪國中俊叡主任帶著幾位孩子,觀看球賽進行,俊叡主任得知有這場比賽後,十分積極地組了觀察團,讓我驚喜萬分,三校聯賽醞釀正在成形中。三峽國中、樹林高中國中部、安溪國中,這3所學校透過籃球比賽,將如何擦出共同學習的火花?結果又會是如何?這一切都令人期待。

賽後與育豪老師的對話,可以感受彼此心情。

恕:謝謝你,我們完成了一項創舉,我想孩子一定能學到不少。回去和孩子說,我們一定要一起打敗峽中飛魚籃球隊(文後會詳加解釋這項規劃)。27號見!安溪國中

也聽說要成軍。

豪：太棒了！我們的學生也學到很多，他們都維持禮貌，歡迎你們下次來樹中。

恕：孩子有表現機會，學習就有目標。期待再聚。

以前校外趴趴走，現在放學留校練籃球

這次比賽對孩子來說十分新奇，因為他們從未想到會有這麼一天，對我而言，心中感到無限希望，腦中開始產生無限想像，比如說加入職業籃球的經營模式，球隊取名、圖騰等，教育不就是這樣才有點趣味。時間正推移中，孩子們上課的態度並沒有太多的變化，眼看第2場比賽即將到來，孩子們生活中唯一的變化是放學後會留下來練球，其他一如往常。不過這已經算是創造大驚奇了，主動留校只能說是太陽從西邊出來的事情，而今真是奇蹟。

與安溪國中孩子的比賽。

只有知道自己有多弱小，才會變得強大

　　第二場比賽結果——慘輸 20 多分，這一事實不得不接受，但是孩子的反應呢？向外歸因，場地不好、裁判不公……，我知道這都是情緒的反應，終究還是得接受事實恢復理性。回到學校，我請孩子圍成圈，問了一個問題：「誰可以告訴我？下一次我們要怎麼贏？」很驚訝孩子的回答，他們沒說要怎麼贏，反而告訴我這段期間的不認真、不團結，不聽老師的話……等等，請注意！他們已經開始反省，很重要的進步，只有知道自己有多弱小，才會變得強大。結果我們討論出改進策略，讓小菁、安懿當班長，負責提醒大家認真。這場反思在後來的籃球課中產生改變，教練說孩子變得比以往認真，專注力變好，我心裡真替他們高興。

　　後來教練開始教導戰術，介紹場上球員的責任與工作，同時間安溪傳來消息，俊叡主任希望與我們來一場比賽，感謝老天安排，輸樹中後，孩子們非常期待這場球賽的到來。比賽那天，心中真有說不出的感動，孩子來真的，把教練所教的當作一回事，果然迎接第 1 場勝利。安溪的孩子們也如我們當初所經歷的，開始面對輸的歷程。賽後，我再度邀請安溪孩子們再來一場比賽時，看到了孩子想贏的眼神與態度，我想這或許能幫助孩子回去後，更有目標的過生活。果然！在下一場球賽時，我們看到了安溪的進步。這些孩子透過友誼賽，互相幫助與激勵，讓學校負責人員手中多了些正向教育的工具，只靠著一場場球賽與一顆籃球。

看淡輸贏才是真正學習的開始

與安溪第二場球賽隔天，我們組成聯軍，再度回到樹林高中，我們變強了，球賽變得精采好看，我心中開始對最終目標——三校聯軍對戰峽中飛魚籃球隊，充滿信心。飛魚隊是本校校隊，隊史曾拿過全國乙組籃球冠軍，如果真能打敗飛魚，大家想想，會有什麼結果？如果輸了呢？在伯仲之間呢？告訴大家，大家都贏，皆大歡喜，不相信歡迎到場觀看。忘了告訴大家，峽中與安溪聯軍最後打敗樹中，我和孩子說我們雖贏，但是要開始輸的準備，孩子回答得真棒！老師有輸就有贏，有贏就有輸，沒關係啦！聽了，一切辛苦都值得。果然！育豪告訴我，樹中孩子說峽中可以跟安溪合，我們也要跟鄰近育林國中高關班合，SSA籃球聯賽即將提升為區賽，真開心！（2020年我們真的做到了，這股籃球風氣讓我們結合新竹市富禮國中、桃園市內壢國中、新北市三峽與安溪國中，舉行跨縣市高關懷籃球友誼賽，讓孩子們看見更寬廣的世界。）我想用我與育豪的對話作為文章結束。

恕：你們孩子還好吧？

豪：有一些檢討，對他們是好事，但他們並沒有很低落。

恕：我回去有警告孩子，要有再輸的準備。

豪：孩子也說，你們打得比較穩，反而是我們自己亂，也開始會去欣賞你們的體力、球技，安溪幾個比較壯的學生加入之後也有加分。

恕：我們孩子回饋令我放心，他們說有輸就有贏，有贏就有

輸，我補上一句，這就是人生，他們欣然接受。

豪：我們小孩不會不認輸，教練也說他們今天打球積極度沒有之前好。

恕：很棒的一學期，沒想到籃球能幫忙這群孩子的心。

豪：他們還說要不要聯合育中打你們，來場樹林、三峽區的對抗，哈！哈！

恕：歡迎，太棒了！越玩越大，我看最後會辦個高關NBA。

豪：今天雖然比賽激烈，可是賽後敵意以及抱怨少很多，我們的孩子目前還沒有合作經驗，希望他們有機會和別人合作。

恕：我們也是要加強，因為下學期我們要聯合對抗三峽飛魚籃球隊。對了，我們正式更名為峽中鯊魚隊，英文shark，唸出來正是峽客。

豪：哈！隊名都出來了，我們也要來想一下。

恕：安溪也在想。你看我們孩子有進步嗎？

豪：我覺得心態穩重，也有禮貌。我們小孩雖然在外還有規矩，但感恩這件事情差你們很多。

恕：我也不知道怎麼教的，也是跟大人學的。但是也要感恩你們給我們這麼重要的學習機會，我稱為輸贏之間的學習。

豪：我的確羨慕你們師生互動的狀態，也覺得你們帶得很好喔！請替我轉達你們的孩子，感恩是一種很棒的美德，

值得樹中孩子學習。

恕：感恩這一切，俊叡帶的安溪中也是我們尊敬的夥伴，因為師生氣氛是被他們感染的。

阿德勒降落

阿德勒曾表示，人常常會犯個毛病，正向行為視之為理所當然，而抓著負向行為指責勸戒。與中途班孩子相處，如果這樣，你會十分挫折、沮喪，所以要練習稱讚正向行為，多說說值得誇獎的具體行為，孩子想繼續求好表現的勇氣自然會來。

▍開展自我：跑步訓練

2017 年至今

我真搞不懂為什麼有這麼多人在跑步，本人認為它是所有我會的運動中，最枯燥、乏味、無聊的……。

為了陪伴孩子需要自我訓練

2017 年新學期馬拉輕鬆與新北教育局校外會合作，進行為期半年的馬拉松訓練課程，邀請本校豐富經驗的喆豪老師帶領孩子從認識到體驗、訓練到活動參賽，為了增加孩子的參與感，還特別與定向越野活動結合，透過活動增加跑步動力。我想是自尊心作祟，不想落入孩子口舌，我也加入了後期的活動與參賽，因為課務繁忙無法與孩子們一起練習，也就是這樣，讓我越來越焦慮，你想平時沒練習怎麼參加活動？當日子一天天過去，看到孩子們訓練有成，自己越發感到心虛。

做自己不喜歡的事，很難有正向想法

某天兒子跟我說學校老師幫班上報名 3K 路跑活動，兒子嚷嚷要我陪他練習，這就開始我的跑步里程。我就說跑步是最無趣的活動，與兒子到臺北大學練習，一開跑小兒溜煙不見，留下孤單老爸開始面對自己的人生，我只能說那天真慘！只差沒罵髒話，氣喘如牛、上氣不接下氣，感覺離天堂地獄都很近，天堂──

開始跑步時對自己下定決心的滿意想像；地獄——所有跑步的過程。不到 1K，內在對話台詞幾乎無止息圍繞在——「在家休息多好！沒事找事做。好了！幹嘛折磨自己，可以停了！你已經盡力了，可以休息了⋯⋯」。

我終於明白做自己不喜歡的事，很難有正向想法，在這些負向氛圍下，很快就會放棄。其實，中途班孩子也是一樣，學習對他們來說有太多的失敗經驗，當然會選擇大人看不順眼的安逸狀態。停下來後，我對自己的無能感到慚愧，深刻體會到自己的體能狀況，肺活量沒有想像的好，肌耐力已經退化到幾乎為零，核心力量完全潰敗，更令人傷心的是走回到起點，兒子說怎麼跑那麼久（其實是走），真遜！

回到家後反省，結論：多練習核心肌群，想歸想，做歸做，

孩子在臺北大學跑步訓練。

隔天因為全身乳酸反應，讓自己難受 3 天，跑步是誰想出來的運動，怎麼會有這麼多人在跑？我還是沒有學習到這項運動與我之間的關聯。接下來，女兒因考試練習肌力，我也順勢開始了 Tabata 核心肌力練習，這段期間還是覺得枯燥，但是在家中，有家人互動陪伴所以挺過去了，核心增強了，又燃起臺北大學 3K 跑步測試。這次沒有兒子陪伴，只有自己，平日核心訓練果然奏效，雖跑完全程，但是負向自我對話的頻率還是很高，找不到與自己平和的對話模式，放棄的惡魔幾乎淹沒了理性，過程中一度心念佛陀加持，最後僥倖取得勝利，檢討結果——身體能力還是需要繼續加強。

跑步自我對話可以幫助自我認識

陪伴兒子完成 3K 路跑活動，但是對自己的表現並不滿意。身體機能雖增加，可是心理還是擾動不停，路跑學習對我來說是重新認識自己的開始，動靜之間，不停的念頭，讓我又愛又恨。跑步是一門修行的法門，這是我目前能確定的。經過一段時間的跌跌撞撞後，自上週以來似乎有了心得，因每天不間斷地進行 3K 路跑，身、心與環境開始對話。首先察覺到的是呼吸，我曾經體驗呼吸對禪坐的重要性，沒想到在跑步過程中也發生相同的感受，當呼吸平順時，我可以意識到這次路跑一定會圓滿。回想當初，氣喘如牛，無法帶動身體，以致朝向毀滅，這正是我進步與成長的證明。

再來是念頭與當下，跑步如禪坐都會升起念頭，如果提醒自己回到眼前和當下，注意力就能集中，就有力量關照身體。另外，不疾不徐很重要，心中想著快就會不耐，不耐就會心煩，心煩步伐就會亂，呼吸也當然跟著不順，所以接納「疾」並安撫它，就能很快地度過，回復正常。原來跑步中的自我對話，可以幫助我更深入地認識自己，雖然還不能完全掌握，但是每次起跑前，我都會提醒自己——其實我還沒有完全準備好。所以當起跑時，我就會開始檢視呼吸、念頭、當下、步伐與不疾不徐的節奏。當一切準備就緒，便能開始享受過程中的苦與樂，忍受乳酸累積的苦，完成 3K 的樂，面對所有就能離苦得樂。今天我增加到 6K，又是新的學習開始，6K 會帶來什麼啟示與學習呢，我正在體悟中，祝福我身體健康。

　　寫到這裡，不禁讓我想到中途班，孩子們一定也有類似的歷程，找個時間與他們聊聊，或許可以發現不同的成長故事，也和他們分享我漸漸搞懂的心理故事。

▌體驗服務活動：淨街馬拉松

2016～2018 年

　　這些孩子跑馬拉松！怎麼可能？帶了這麼久的中途班學生，嘗試了不少課程，但是從來沒有往跑步這方面思考過，因為想都不敢想，光是想像這群孩子可能會抱怨什麼內容，我的腦袋就開始天旋地轉，怎麼還會有其他念頭。105 學年第一學期，新的一批孩子開課，我發現他們很善良，但很愛玩，整天嘰哩瓜啦活潑好動，但也有少數不太說話、不太表達的孩子。要如何引導這群孩子一起跑步，甚至挑戰馬拉松，這真的是一項不小的挑戰，無論是操作還是說服都不容易。

跑吧！

遠離 3C，擁抱大自然

教練是個關鍵人物，喆豪老師是本校的體育組長，對學生很有耐心與愛心，深受學生喜愛，由他來帶領中途班馬拉松隊，這等於先讓我吃下定心丸。再來有新北校外會的大力支持，無論在經費還是活動期程的安排，都讓我們無後顧之憂。還有優秀的輔導組長素月老師居中協調，辦公室裡的跑步咖──雯華主任、菁穗組長、俊宏老師、社工女神舜萍、特教公主黃鈺組長，都全力參與支持。這樣的氛圍，真的沒在怕的啦！跑吧！

我們的計畫是由校外會協助成立三校馬拉松隊，到目前為止三峽國中與友校安溪國中已成軍，每月三校會師舉辦聯合路跑活動，並選定各大專院校的校園當作挑戰目標。此外，我們還結合定向越野[10]活動，增添跑步樂趣。學期中，再幫全體報名大型路跑挑戰活動，終極目標是帶孩子參加新北市萬金石馬拉松比賽，讓孩子能夠自己設定挑戰目標，向自己挑戰，挑戰成功後再舉辦溯溪、登山活動，讓孩子學得正確的休閒運動觀念，遠離3C環境，擁抱大自然。

註10. 參加者透過專用地圖和指北針的輔助，在最短的時間內，通過數個被標示在地圖上之實地檢查點，然後回到終點的一項運動，活動中所行進路線可由個人選定，結束時，以全程耗時最少者為勝。

是環境教育更是品格教育

如果只有這樣，那就太小看峽中中途班了。近來，我在 Facebook 上看見台客劇場 [11] 發起的淨街路跑運動，如果路跑能夠結合撿垃圾，既能運動又能讓環境更美好，這讓我心中澎湃不已，這真是個超級棒的概念，一定要說服孩子響應。當路跑時發現垃圾，停止、蹲下、拾起垃圾、再次啟動，這不僅能加強路跑的強度，還能訓練不同的肌肉，消耗更多的卡路里。更重要的是這不僅是運動，更是環境教育與品格教育的培養。沒想到 PO 文後立即得到孩子們的回應，均均和泰然首先響應並發表支持，遙遠和賢賢也跟進。當晚，這讓我感到十分振奮。隔天，我向喆豪老師尋求支持，決定在課堂上逐步實踐這個想法。一週後，組長帶著孩子在臺北大學移地訓練時實踐這個活動，照片中，孩子拿著垃圾袋團拍，真是一幅美麗的畫面。我沒想到跑步撿垃圾會讓孩子們獲得如此的尊敬與自信，當天我請實習老師期雯將此舉上傳北大社群，引來許多讚嘆與回響，同時間傳回台客劇場，也得到導演讚許，我想告訴導演這世界並不孤單，有我們真好。

我們會持續下去，將這項美德傳遞出去，我們在 2016 年 12 月 4 日參加新北市萬人城市馬拉松時進行淨街路跑，也在新北市萬金石馬拉松實踐這一理念。我們想告訴孩子們，跑到終點

註 11. 台客劇場或者台客劇場 TKstory 是一個由編導製作人林冠廷創建的 YouTube 科普頻道。影片的靈感來自臺灣生活議題。話題範例：環境問題、社會教化意義。

或許很重要,但或許還有比抵達終點更重要的事情!讓我們一起愛護地球吧!

才藝類課程──見證自己美好

2015 年至今

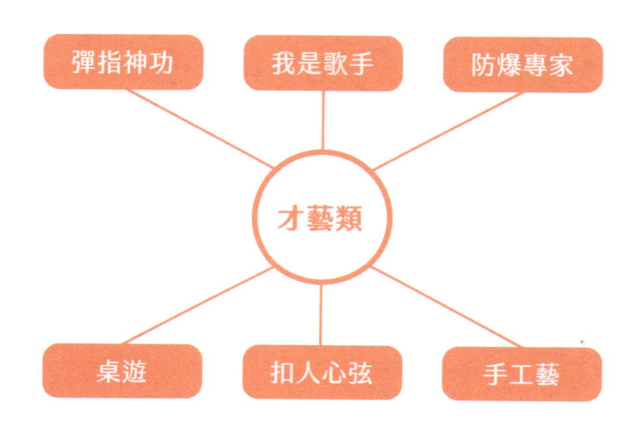

```
        彈指神功    我是歌手    防爆專家
                    \  |  /
                    才藝類
                    /  |  \
        桌遊        扣人心弦    手工藝
```

▌創造潛能發揮的舞台：彈琴與歌唱課程

老師不是萬能，但有心就能找尋可能

教師生涯中，遇見兩人及一組愛唱歌的男孩、女孩，這些孩子或多或少都跟我有關係。政諺，畢業於崇右科大演藝事業系，業餘歌手，峽中 8 年級時是壘球社隊長，我擔任社團老師，總以為他只會打球，後來他唱歌比他打球還厲害，還好我買了他畢業 CD，幫他主持畢業典禮個人演唱節目，算是給他美好回憶。

阿勇，我帶班學生，從中輟把他拉回學校，回班後神經神經的，常常哼哼唱唱。仔細一聽，聲音真不錯，隨即組成造神小組，讓他成為歌神，並帶他去錄音室錄製個人專輯。還記得他對媒體

說，過去他太愛玩，回到學校後並沒有覺得不好，反而讓自己找到喜歡的事情。孩子的學習眼神教會了我，別輕言放棄。雖然我不懂音樂，但只要堅持尋找資源，就會有專業人士提供幫助，老師不是萬能，但只要有心，就能找到無限可能。

孩子變得有魅力與自信

帶領中途班，開設了「彈指神功——烏克麗麗課程」，後來發現光是彈奏不夠，於是加上唱的元素，結合後，效果精彩萬分。孩子們也變得

花花參加「因為有你，這世界會有奇蹟」表演活動。

有魅力與自信。學校是個臥虎藏龍之地，同事中有位歌王——華昇老師，他曾是歌唱選秀節目的冠軍歌手，真是老天安排好的腳本，我請他開班「我是歌手」——唱歌課程。105學年度上學期，兩位姑娘加上一位男士，暫時組成「花花三人組」，有這些專業老師的指導，孩子們一定能發光發熱。

第一場表演在客家文化園區展開，這也點燃了孩子們的表演慾。回到學校後，更是積極上課，進步神速。除了上課外，還會要求額外練習，常常看見他們犧牲午休，自主練習。我們都知道

音樂學習的過程，練習絕對是量大而且需要持之以恆的。孩子來真的，每天看見他們練習真讓我感動，為了增加他們的舞台經驗，我帶他們到峽中附幼，彈唱給小弟妹聽。這次我們結合「防爆專家」——造型氣球課，彈唱同時還發氣球，孩子們的笑臉無比燦爛，雖不知是汽球吸引小朋友，還是彈唱。沒關係，高興就好！這樣說是因為看到「花花三人組」在舞台上自得其樂、享受其中。

用走唱換取舞台經驗

幼兒園的孩子們給予我們花花樂團很大的表演信心，因為不論花花們唱什麼，小朋友都很捧場地跟著唱跳。接下來，就是到各個辦公室進行磨練。學校算一算有 10 多個大小辦公室，走一趟不僅累積表演經驗，還能讓老師在辦公之餘，享受聽歌也不

和幼兒園小朋友同樂，是增加自信心最快方式。

錯。當然，花花們跟我說，這樣壓力變得很大，因為老師畢竟與幼兒園弟妹不一樣，不過表演完後這些都是多想，其實老師是很樂意給孩子們掌聲的。

從服務他人走進專業錄音室

後來我們又與特教班合作，與特教同學同樂。特教的孩子們在老師的引導下也非常融入，很自然地隨音樂擺動起舞。演出經驗變多，花花樂團的台風進步很多，緊接著到清福養老院與阿公阿嬤同樂。到此，烏克麗麗班已經創造出課程的最大價值，一路走來的成長，在我眼中盡是驚喜，這群需要關心的孩子，反過來利益他人，我想就用這詞來形容「用服務翻轉學習」。

努力讓夢成真。

錄音室是我早就規劃好的活動，他們的努力一定要進錄音室記錄他們的聲音，因為他們的態度有了顯著的進步了，值得出專輯給予鼓勵。2016年5月23日星期一，經由華昇老師的幫助下，孩子進了錄音室。這聲音是承載了他們一路走來成長的聲音，孩

子們讓我學到了堅持與不放棄。下面的這張 QRcode，只要讀者用手機掃描，就可以聽見孩子們的歌聲，並且看見他們的成長。如果你感動了，請幫個忙按個讚、留個言，給這花花樂團鼓勵一下吧！

三峽國中920 の畢業紀念 2016.6
http://ppt.cc/cwKbj

用手機掃描後，即可點選觀看，觀後請多多留言按讚，給孩子鼓勵！

服務類課程：展現社群情懷學習成果

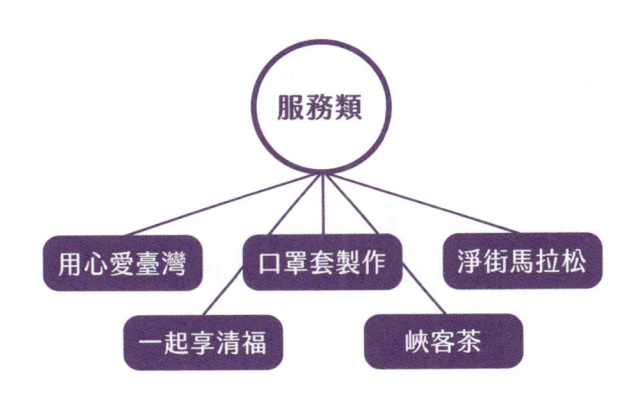

服務類
- 用心愛臺灣
- 口罩套製作
- 淨街馬拉松
- 一起享清福
- 峽客茶

▌人與人的連結：參與萬金石國際馬拉松過程 [12]

2017 年 3 月 19 日

尊重孩子的選擇

這幾天，大人與孩子們都有些情緒。孩子們覺得為什麼要勉強我去萬金石國際馬拉松，不去不行嗎？其實不去，真的無法勉強。但是心中有種莫名的情緒無法與孩子分享，只覺得怎麼可以這樣，都練習一整個學期了，從一開始不相信可以跑，到萬人城市馬拉松，只差最後一步，就可圓滿了。「放棄」對孩子來說很容易，即使有天天一起練習的革命情感，但還是無法讓他們支持

註 12. 繼桃園市校外會登山活動合作後，又與新北市校外會合作路跑活動，自行訓練一學期後，參加萬金石國際馬拉松驗收成果。

陪伴 讓迷途孩子喜歡學習
的新思維課程

到最後,而原因是——假日要與朋友出去玩。

師長們當然會尊重孩子的選擇,但過程中,因為「可惜」轉化出的情緒——威脅、恐嚇或利誘,讓孩子不舒服。孩子的決定過程有

沒想到萬金石國際馬拉松垃圾真不少,我們這樣會不會給主辦單位打臉。

時顯得比較隨意了些,假日的玩樂當然會比路跑更舒服。大人很難與孩子分享萬金石的學習樂趣,因為那是未來的事情,而我們只能攏統用這些複雜的情緒互動。

2017年3月18日星期六晚上7點30分,孩子陸續集合,等待的時間,聊天、看電影和吃吃喝喝,成為出發前一夜的娛樂。隔天,早上4點30分起床,對每個人都是挑戰,所以早點睡是唯一的目標,這次住校沒有上次參加新北市萬人馬拉松的荒唐(整晚胡鬧沒睡,隔天好像參加熊貓路跑),很快地就寢完畢。晚間的降雨讓我覺得不安,聽說明天還會下雨,我真希望雨能停,不過北海岸的多雨天氣,我只能隨遇而安。清晨的遊覽車上,睡意和雨聲的陪伴,讓旅途顯得格外安靜。到了萬里,濕冷的天氣好像一桶澆熄熱情的水,讓一切充滿不確定性,彼此聊天、加油打氣趕走心中抱怨,此時我真的不確定孩子還會不會願意淨街路跑。天氣都這樣了,還能做嗎?承哥、文子、小芸、英豪的相

挺，讓我燃起希望，教育需要堅持，今天是孩子幫助我堅持下去，我原本想若還是下雨，就只要跑步就好，不要撿垃圾了。

我們的示範也教育了民眾

淨街路跑，讓我感到開心與榮耀，我們一直在持續進行，思考也很簡單：跑步是否只有抵達終點這件事情？還有比這更重要的事情嗎？邊跑邊撿垃圾，成為我們新的學習方式。我們不希望讓孩子只關注成績，我們能教的是讓孩子們擁有更好的品格，並且告訴自己和他人，環境教育的重要性。今天出發後，我和孩子們看見很多的垃圾，但是比起萬人城市馬拉松，萬金石好多了。從一個城市級的活動到小地方的細節，真的可以看出用心程度。同樣是新北市的路跑活動，卻有明顯的差異。其實只要多用點心，城市馬拉松一樣有看頭。運動與環境的結合，是教育民眾公德心的好機會。

我與孩子們在這條 7 公里的路上，當時心中只想著：只有地上的垃圾，路途就不會長。承哥和我同一組，他對我說：「老師這麼快，跑了 5 公里了，怎麼沒有累的感覺！」我想告訴他，因為我們很專心享受這個過程，因此會忘記自己的疲憊。這條路給了不同人不同的學習機會，只要用心，你會發現其中的樂趣。不停地彎腰，找出撿拾的角度，因為後面有其他的跑者，不能因為突然停止撿拾，讓他們驚慌，互相提醒是我們常發出的聲音——「小心後面有人！」

淨街路跑教育讓我和孩子們都有了特別的革命情感，我不得不感謝與稱讚承哥、英豪，你們讓參與路跑變得更有意義。15歲，可以改變的，能改變的比我們想像的還要多，別想太多，做就對了。

共同學習與回憶的重要

我無法用言語完全表達今天心靈的滿足與充實。出發前，我有很多的疑慮，但我用行動證明了我們的疑問是多餘的。一項路跑活動，一群老師學生，一輛遊覽車，串起了無數的回憶與故事。這些活動讓我們更加認同自己所作的一切。沒參與的同學，真是可惜！他們少了一次學習的機會，少了個共同的回憶，更重要的是革命情感。有一天，當你抱怨、覺得無聊時，你我之間是不是已少了很多共同的學習與回憶？如果在我的記憶中，少了有你的許多美麗畫面，你又是否會離我們越來越遠？或許你不在乎，但，我只覺得可惜。人生是不是因為這樣，在乎你的人也越來越少，越來越遠。怎麼解決──一起用行動力寫故事即可。

美麗的畫面。

■ 社群情懷的力量：安養院服務

2015 年實施一學年

超越服務學習時數

每週五下午 2 點 10 分，我和孩子們一起踏上服務學習之路。因為這是我們的課程，所以沒有理由去申請服務學習時數。其實，孩子們也從來沒向我提及需要服務證明的事，我想讓他們明白，陪伴長者的心意早就超越了服務學習時數的目的，這才是學習服務、服務學習。

走走走，一起享清福。

我想應該沒有一位孩子甘願每週走 1.6 公里，來回 3.2 公里換取兩小時服務時數證明，而且還要忍受我用趕羊的口氣，在後面催促「快一點」。孩子常常問我的一句話就是，老師：「為什麼不坐公車？」、「還有多遠？」、「吼！好累喔！」。久而久之，這些聲音都慢慢被──「走就對了！」、「快到了！」取代。

走路真好！可以跟孩子說很多話，老師與學生之間沒距離。說說鬧鬧中，路程顯得沒想像中遠，笑話、笑聲、耍白癡、小惡

作劇。說這麼多，跟我們走一回，你就能玩明白我所說的一切，一定能感受我們走路的快樂，不論是太陽高掛還是綿綿細雨，我和孩子們的 3.2 公里，是一段開心的旅程。

施與受傳遞著溫暖

青哥今天第一次來「享清福」（我和孩子的服務地點是三峽清福養老院），和阿嬤玩疊疊樂，歡笑聲一直吸引著我，趕快拍下來，這幅美麗畫面如果大家用心看，一定能感受到孩子與長者間，施與受傳遞著溫暖。孩子每次到清福都有這樣的畫面，這畫面讓我想起年輕時的自己，20 多年前，我在新竹德蘭中心服務院童，當時也有著與這相同的溫暖感受。今天，能夠延續這樣的暖度，令我感到無比的開心。希望在這裡，能給孩子們表現的空間，同時也讓長者們收穫歡樂。

常和阿公、阿嬤玩的疊疊樂。

施比受更有福，這是得到幸福的唯一方式──阿德勒

長者、國中生、高關懷孩子、氣球、桌遊，攪和一起，會有什麼化學變化呢？一群需要被關懷的孩子，一群需要被關懷的長者，有著相似的需求，照理說，他們都應該被照顧與陪伴。不過

意外發現，因為需求的雷同，彼此似乎更能夠理解對方的需要，明白被了解的重要性。當不同年齡的心靈展開交流，同一時間與空間裡，將發生什麼呢？付出與交流在當下慢慢發酵，笑容與溫柔的言語是這場化學變化中，常常看到的結果。孩子會自動和新進的夥伴說，進來這裡，阿公阿嬤希望我們說話大聲一點，因為他們耳朵不好，這樣的雞同鴨講常常在老人和孩子之間發生，但沒有人會和你計較。其實，孩子常和我分享生活中和親人溝通的經驗，在我看來也很像雞與鴨，可惜結果很不一樣，因為孩子和親人很計較。如果親子間能多一分尊重與關懷，彼此的心情就會變得輕鬆許多，衝突自然就不會發生了。

　　我想每週五的聚會，孩子們一定永難忘懷。我也紀錄著這群人的故事──今天阿嬤一直稱讚典子是位超級大帥哥，孩子們也說阿公玩疊疊樂時超厲害。我和孩子開玩笑，相約60年後一起來這裡玩桌遊，那時典子還會像現在這樣如此碎念嗎？我還能活到104歲嗎？小淑還有力氣罵人打人嗎？成哥還有心情臭屁炫耀名牌嗎？阿國的話會越來越少，因為他現在話已經不多了。

　　孩子跟我說，等到老了以後，要有錢才能進來享清福。這句話很有智慧，說到重點，如果現在不做多一點，未來可能看到的是，典子滿頭白髮，滿臉皺紋蹲在路邊碎念。雖然現在的你還不能賺錢，但可以多做好事，好事累積多了，就會有好因緣，大家加油！

> 讓他人感受喜悅，是擺脫痛苦唯一方式，常想著我還能做些什麼？然後做就對了！——阿德勒

今天認識了兩位長者，聽護理員說，阿嬤是早期還未實行國民教育時代的老師，她很有氣質，算是我的大前輩，我將來有她這樣的福氣嗎？別想那麼多，還是多做好事吧！金剛經中有這麼一段「未來心不可得，過去心不可得，現在心亦不可得。」別想才有享，將紛亂心守住才有能量做更多的事。阿公聽說是公賣局菸廠的廠長，從他大器的儀態中可以感受到，許多年前他的努力，讓許多部屬與員工能安身立命。服務學習、學習服務，背後有著許多未知的故事等著我們去挖掘，這正是每週與孩子一同享清福的動力所在。

當我老了，走不動了，時間會變得很長。現在多做一點，將來就有很多時間回憶青春。

阿德勒降落

一位精神疾病及受失眠所苦的患者來找阿德勒，問道：「如何擺脫痛苦？」
阿德勒回答：「讓他人感受到喜悅。」想著自己能做些什麼？如何讓他人感受到喜悅？做好事，累積小善行，就能朝著健康快樂前進，最終得到解脫。

▌對生命與環境的尊重：拯救溼地與候鳥行動
2017年～2018年實施兩學年

　　官方舉辦的淨灘活動，象徵意義大於實質，第一次參與這類型活動，讓我一時間不知如何教導孩子，因為我被冗長的等待，磨去滿滿熱情。

透過體驗反思，加深孩子停止製造垃圾的覺醒

　　106學年度我們開了一堂很特別的課程——「用心愛臺灣」，這個課程受到全臺熱血淨灘活動的啟發，我們希望帶領孩子體驗環境教育，並從中獲得啟示。每週四下午，我們從故鄉三峽出發，打算走遍各鄰里，沒有太多的預設目標，只是單純地徒步撿拾垃圾。第一堂課，我帶著孩子到礁溪里辦公室，透過董里

孩子結合「冒險課」學習到的繩結，自製可背式垃圾籃，很有趣！

長的介紹，認識礁溪里，接著實際勘查場地，我們看見了撿不完的垃圾，人類太厲害了，製造出撿不完的垃圾。照理說，這項學習應該很讓人很挫折，如同希臘神話中被懲罰的薛西弗斯，他將一塊巨石推上山頂，而每次當快要到達山頂後，巨石又滾回山下，如此永無止境地重複下去。

這週清完，下週又重來，這樣的反覆過程對孩子的學習目的絕非懲罰，否則這課程一定無法持續下去。我認為，我們應該透過這樣的體驗與反思，幫助孩子加深對停止製造垃圾的覺醒，並將這份覺醒化為創意行動，影響他人，讓每個人都能自覺地停止對地球的危害。

第二堂課，迫不急待地實際操作，就已經聽見孩子發出怒吼！撿拾過程中不時發出：是誰呀！亂丟、超髒的、超誇張的，連內褲都有……等正義之聲。但是，學習強度還不夠，沒聽見任何自我反省，所以還要繼續撿下去。這階段我稱為新鮮玩樂階段，反思的開始會在痛苦的抱怨階段。接下來會有什麼新的劇情發展，讓我們繼續看下去。

學習對生命的尊重，才是完整的環境教育

另外一方面，自去年暑假，我開始協助「佛光山金光明寺」成立青年團，一年多來也有不少青年加入。我想結合環境教育議題，讓青年了解生態、學習護生，培養青年專業講演與導覽能力。未來，將安排一系列精彩課程，並計畫將峽中中途班與青

年團的大哥大姐們結合,這將是一項新挑戰。第一次相見歡,我們一同參加了桃園市許厝港國家濕地淨灘活動,除了進行淨灘,我們還被賦予一項重要的任務,那就是保護候鳥冬季常客──東方環頸鴴(同恆音),為了避免大批淨灘人潮接近正在覓食與棲息的嬌客,我們必須用人牆阻隔,否則灘淨了,鳥也淨了。

　　它們是一群遠從西伯利亞飛來過冬的客人,會將蛋直接產在河口的沙灘地面凹處,一窩通常是三顆蛋,由於蛋殼顏色、花紋和週遭環境十分相似,因此讓人幾乎無法發現牠們的存在。當天敵靠近鳥巢時,東方環頸鴴親鳥會發出警戒的鳴叫,並有擬傷行為,吸引掠奪者的注意,以掩護巢蛋或雛鳥行蹤。親鳥在白天會坐巢,以幫鳥蛋抵擋烈日,夏季海灘沙地酷熱,常看牠們飛到水裡沾濕腹部羽毛降

溫，使其不致過熱。

透過簡單的介紹，讓大家多認識這群過境的朋友。可是淨灘的人群並不了解，這樣貿然的進行淨灘其實是非常危險，可能會導致永遠失去牠們。所以學習內容不僅是教導孩子撿垃圾，更重要的是在環境細節中學會對生命的尊重，這才是完整的環境教育。我想政府在辦理相關的活動時，應該多思考才是。

少說話，多做事

今天我們真是受夠了強烈的海風，吹得我們東倒西歪，然而更可怕的是人和垃圾。垃圾是人製造出來的，這點我們都明白，無盡等待首長的到來，卻是另一件超級恐怖的體驗。會場主持人真厲害，用他那帶著強壓的尷尬嗓音安撫上百位參與者，我很想說：「可不可讓我們少一點等待，多撿一點垃圾。」因為長時間等待讓大家變得不耐煩，腳已經發酸。好不容易開始了又接近中午，算一算，花了一個多小時車程，再等一個半小時，還加上官場話，結果淨灘活動才短短進行了半個多小時就結束。人類呀！說的總比做的多，等待的時間總比付出行動的時間多。難怪大自然看不下去，如果還有下次，我會堅定而溫柔地和孩子們將程序顛倒過來，少說多做。

今天半個多小時的淨灘活動，是我最開心的時刻。看見孩子們專注尋找人類貪婪的證據，不怕髒、不嫌臭，搬開石頭，拉起廢輪胎，臉上總是不時露出笑容，頂著海風前進，彼此加油打

氣，最後一批離開。回頭望著沙灘，東方環頸鴴又群聚覓食，一切恢復平靜，而我們將繼續用心愛臺灣。

▌感恩情懷：峽客茶謝師恩

2015 年實施一學年

泡茶這項服務工作從「16 對不對 [13]」開始，延伸至「起司班」結合幸福農場，自行栽種香草植物，採收後沖上熱開水，服務學校老師，一做就是 5 年。隨著工作異動，來到輔導處，農場曾經荒廢一段時間，但是植物生命力依然堅韌，不照護它依然長給你看，不採收很可惜，而且景觀看起來更顯雜亂，如同頭髮長了不梳理般難忍，索性自行研發，帶著中途班孩子用實驗方式製茶，後取名「峽客茶」。

另類的學習成果——製茶

製茶的理由很簡單，保存容易。你想，嫩葉一次收成如果太多，一下子喝不完，總不能放進冰箱保存，乾燥製茶就能放很久，想喝就能隨時享用，大大增加了香草植物的價值。一天，雯華主任拿了一個茶包給我，向我介紹由來，這是校長最近很愛喝

註 13. 我在峽中帶領第一個普通班級 16 班，孩子們自己把班級取名為「16 對不對」。

的康福茶，聽說一包價格不菲，主任大方與我分享，我看見成分卻愕然發現，成分裡所有的香草植物，農場都有栽種，而且我們栽種的植物種類還更多。

隔了一段時間後，媒體報導市售香草茶原料受農藥汙染嚴重，這讓我更加深了自己製茶的動機。於是，我立即採了一批茶菁，清洗乾淨後，室外萎凋，接著室內萎凋走水後，讓它發酵熟化，最後用烤箱加熱，徹底去除水分，此時，廚房香氣四溢，經過的老師都會聞香而來，頻頻稱讚這股香味。和孩子一起將乾燥後的茶輕輕一捏，完全脆化，再用雙掌磨擦粉化，這簡單的手續就完成了製茶，收集成罐開始試泡，果然香味四溢，真是好喝，康福茶完全出局，它能取名康福，我們就能將此茶款命名「峽客」，這就是由來。

峽客茶完全沒有農藥疑慮，天然有機，比康福茶用料更豐富，截至目前為止，峽客茶的原料從原先的薄荷、香茅、迷迭香外，還增加薰衣草、檸檬馬鞭草、百里香、甜菊等，除甜菊、百里香不易栽種外，其他均穩定成長。農場不大所以產量有限，每年也只能採收兩茶葉罐，所以十分珍貴，只能保留讓辦公室老師專享，還有款待外賓享用。最重要的是若遇到學校的相關業務評鑑，峽客茶就是一大利器，除了讓現場委員品嘗外，還可以說說故事，因為這些都是一屆屆孩子們辛苦之後的結晶，可以用來展現中途班另類的學習成果。

用農場工作翻轉迷途少年

很多人建議我們為何不量產，讓更多人能夠享用。其實，以我們現在的經營方式已經很滿足，大家都很珍惜這個過程，如果量產就會成為負擔，雖然也是一種學習，不過我還沒準備好。我更想做的是讓農場與蔥寶寶結合，讓孩子們畢業後，如果不想升學，至少可以擁有技術就業能力。

當年「16對不對」與「起司班」開創幸福農場時，絕對沒想到會有今天的成果。教育成果是不斷地累積而成的結果，過程前後堆疊近8年，我卻用短短文字輕描淡寫，讀者通常看到的是結果，我們卻經歷了長達8年的學習與成長。如果用現代商業與科技進步的角度來看，這樣的過程會被視為沒有效率、牛步、無報酬率等，殊不知在這過程中，已經翻轉了許多迷途少年，這樣的投資，我認為相當的值得。教育的確是一項特別且有使命感的工作，如同煎一帖好藥，燉一鍋好湯，沒有足夠的時間慢熬就不對味。耐心，無疑是烹煮過程中的關鍵因素，教育工作者需要大家的尊重。

早安！來杯峽客茶吧！提神醒腦，清楚明白地面對無常。不論選擇什麼方式過一天，不管得到什麼結果，都記得放下！因為——還有明天。

美感藝術類課程：改造校園空間

2015～2020 年

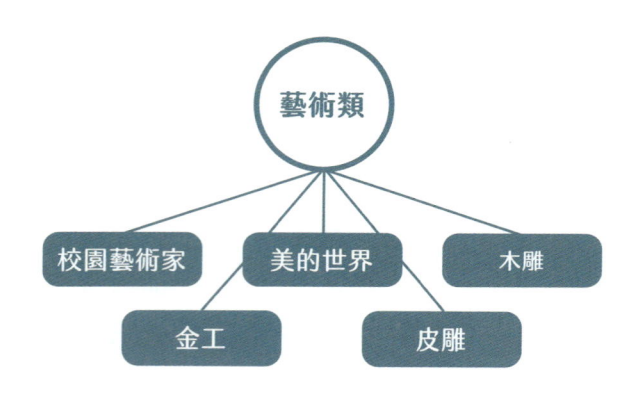

```
             ┌─────────┐
             │  藝術類  │
             └─────────┘
          ／      │      ＼
 ┌──────────┐ ┌────────┐ ┌──────┐
 │ 校園藝術家 │ │ 美的世界 │ │ 木雕 │
 └──────────┘ └────────┘ └──────┘
         ┌──────┐   ┌──────┐
         │ 金工  │   │ 皮雕  │
         └──────┘   └──────┘
```

▌裝置藝術與花廊

2015～2016 年

抱著救一個是一個的心態

對於藝術我不在行，拈花惹草非我專業，擔任專任輔導教師期間（2014 年），看著學校中輟復學生在學校的表現，令我越看越不是滋味，無所事事不說，有的來學校可以睡上一整天，而且還會跟老師說明天我不想來了──太無聊了。正值大好學習時光，被孩子一說變成浪費青春，真叫我哭笑不得，在我眼裡怎能容下，一定要想些事情讓他們來做，讓他們從做中學習到樂趣與成就。沒有任何計畫，因為計畫趕不上變化，復學孩子回來就要立即給他學習希望，刻不容緩。

那陣子，我注意到幾則教育新聞，都與廢棄課桌椅有關，那時我注意到輔導處團輔教室的和室椅，因為使用頻繁加上使用者習慣不佳，造成損壞，地板教室沒有椅子是件可怕的事情，無法久坐，參與活動者的專心度降低，真的很麻煩，靈機一動，不妨帶這些孩子製作團輔椅吧！

當時回來的孩子不多，抱著救一個是一個的心態，那時我跟孩子們的工作目標是創造出第一把和室椅。因裁切後不穩固，加了固定片並打磨，接著上漆晾乾，馬卡龍系列的顏色真好看。心中只覺得可惜，放在團輔室誰會看得到？乾脆把它吊起來展示，借了專輔老師帶孩子串珠的釣魚線，綁在樹上，耶！變成藝術作品。請孩子為這件作品命名，孩子思考一番，最後道出了「空椅」這個名稱。孩子頓時成為藝術家，從一張椅子開始，聚集了不少圍觀的孩子。接著一張張空椅吊掛在輔導處前的玉蘭樹下，由於使用了釣魚線，椅子彷彿懸浮在空中。傍晚，微風徐徐，椅子隨風飄盪，呈現出一種讓人驚訝的效果！「空椅」變得充滿空靈感，添增了一份動態藝術，也讓孩子們感到滿滿的成就感。

苦的盡頭卻通往愉悅

讓人振奮的是藝術吸引了一些復學孩子的加入，做起來顯得更有意義。空椅完成後陸續創作「回歸」、「叛逆」、「無人鋼琴」等作品，越來越有藝術氣息。我們決定加入導覽元素，讓孩子們練習介紹作品，邀請輔導處同仁充當來賓，孩子很生澀地展開

另一階段的學習——口語表達訓練。在這過程中看到了孩子們投入的樣子，就很開心。我們每天穿梭在走廊與課桌椅、儲藏室之間，汗水、歡笑、哈啦，當然也會有衝突，時間過得很快，但心中卻很踏實。這過程中其實有著不為人知的辛苦，但是苦的盡頭卻開啟了通往愉悅的大門，直白來說就是爽！接

作品——無人鋼琴，解說中。

受苦就會離苦，離了苦就能得樂，這一循環如果不斷地發生，這些孩子說不一定就能得到心靈解放。

讓校園中有孩子的作品，孩子就有價值

我們的工作似乎得到更多人認同，校長希望我們將教務處、校長室、生物教室、學務處進行改善，這一連串的工程對我與孩子們來說都是無上的肯定。雖然事情越來越多，但也讓孩子們回到了學校，回到了屬於他們這年紀的學習舞台。隨著校園穿梭的次數變多，漸漸組成了一個藝術團隊，最多時曾有5、6位孩子共同參與。這不僅解決了部分中輟生的問題，也讓我們一天天、一件件如螞蟻搬食，完成校園的裝置藝術，也創造了孩子與學校

課桌椅的重新變裝，讓校園變得不一樣了。

連結的故事。當時的想法很單純，學校中越多孩子作品，就越能讓孩子找到自己存在的位置，位置有了，就很難離開學校。人的一生不就是不斷在尋找位置的過程中完成使命，寫到這裡，我想應該多放些照片讓大家一起欣賞。這一群曾經逃離學校的孩子，現在反而靠著雙手為學校做出貢獻，成為了有用的人。

用雙手、汗水打造美麗心世界

工作中孩子難免會有情緒，這些情緒都是自己造成的。生氣時，會說我等一下要把桌椅砸爛，我會說這些桌椅本來就要報廢，真要砸就砸吧！如果讓你心情好一些也不錯，會砸嗎？其實不會，說說罷了！倒是拆鋸過程中，體力消耗大，流了滿身大汗，

陪伴 讓迷途孩子喜歡學習的新思維課程

會大喊大叫,這反而給他們很好的發洩機會。人總是要有情緒的出口,尤其是這群受傷的孩子,運用這些廢棄的課桌椅,無論怎麼算都是值得的。

看著倉庫課桌椅一天天變少,就知道我們有多厲害。沒了課桌椅,我們就開發新的藝術作品。輔導處有個三八阿花走廊,我們從花市買來木製花架,用馬卡龍色漆加工,黏放在走廊牆上,再將花市買來一堆只需8元的盆花,教孩子拼湊成一盆盆不同顏色的花海,完工那天,老師們悠閒地走在廊道中,都說很有舒壓功能。結合裝置藝術真能淨化人心,全校師生都能從中受惠,復學的孩子們也功德無量。我想這些孩子作夢也沒想到有一天能回饋學校,用雙手、汗水打造美麗心世界。

這些作品保存至今,帶來無法估計的效益,成為學校評鑑中展現軟實力的利器。一年多了,美麗校園依舊,裝置藝術作品因風吹雨淋而腐朽,最後還是被回收。但細想,原本報廢無用,讓它再

三八阿花廊道。

展風華，藉由孩子的雙手讓師生舒壓，正如輔導過程中，給予孩子們舞台與關懷陪伴後，就能重建他們的信心，這個結果讓周遭的人嘖嘖稱奇，並大力給予讚賞。

倉庫中又有另一批待報廢的課桌椅，何時我們能再次看見復學生穿梭於校園，敲打鋸木創做藝術，讓我們繼續看下去……。

阿德勒降落

就算覺得「還不行」，也要讓孩子試試，即使失敗，還是要鼓勵說，我們「再試一定沒問題」，孩子的勇氣自然來。
——阿德勒

這幾年來，我常調整與孩子們的互動方式，允許失敗是我從阿德勒心理學中學習到的寶貴智慧。常常覺得孩子笨手笨腳，我來做比較快，這將剝奪孩子們學習嘗試的勇氣，因為你的語言與非語言訊息已經告訴孩子：「你不行！」覺察與放慢自己的不耐，學習看見孩子的挫折，做對做錯不是重點，而是看見孩子們的努力，鼓勵他們，這樣他們自然會往成功的方向走去。

學校閒置空間再造

2016～2020 年

因為有了裝置藝術和花廊的手作經驗，加上孩子的穩定性越來越好，我們衍生出校內空間活化再利用的想法。

小時候，國文課有一課叫做「一朵花的故事」，講述一個人因為接受別人送的一朵花，將它擺放在家中，讓原本混亂的空間，蛻變成美麗，進而讓自己變得更美——沒想到這個老故事竟然也發生在三峽國中。

期待孩子再度製作出利益他人的作品

在 106 學年，我們邀請三峽國中美術老師黃世杰教孩子們上一堂「美的世界」課程。原本老師以為這是一堂美術課的延伸，因此計畫讓孩子們創作一些作品，並將成果展示出來供人觀賞。但經過溝通後，我們希望不僅是如此，而是要讓孩子們創作出能夠利益他人的作品。這想法的源頭，不得不提到我這兩年的思考。

第一、2017 年經由媒體報導某大家居賣場有項公益活動，與新北市教育局合辦「教室改造計畫」甄選活動，總共僅 3 所學校雀屏中選。最後改造的結果讓孩子們很喜歡教室，因為有家的感覺。

第二、辦公室資料組長日前到別的學校開會，發現這間學校

的校長很注重美感,將學校的公共空間巧妙利用課桌椅,轉化成兼具實用性與藝術性的作品。

第三、TED 有個講演——「給我一本課本,我們給孩子一座美術館」,那時聽聞讓我讚嘆!原來一本教科書結合美學,可以讓孩子愛上學習。

學校空間有太多需要改造的地方

最後,根據我個人經驗,我曾帶領中輟復學孩子們利用廢棄課桌椅,打造校園裝置藝術,這種種的經驗都在我心中醞釀著課程的操作方向。只要找對老師,又有一群肯學習的孩子,且學校空間有太多需要改造的地方。

綜合活動教室常用來作為學務處集合班級幹部、球隊與峽鼓原舞上課學習、童軍團辦活動時的營本部之處,更重要的是它也是老師們中午吃飯的大食堂。可惜的是,創造空間的人很不尊重使用者,因為雜亂,讓大家只能被迫學習忍耐,甚至習慣,於是「一朵花的故事」在這開展。就在老師帶領孩子整理刷漆之時,另一個空間也似乎在向我們傳達渴望改造的需要。

峽中教師會是半個教室大小空間,常被老師借來留學生個別指導功課、導師與學生家長談話的地方,但這個場所用糟透來形容可一點也不為過,長時間堆放物品不說,空氣中瀰漫著一股壓迫感,漸漸地使用它的頻率降低,倉庫成了這空間的新名詞。於是,迫使老師們都得另找空間來處理事情,十分不便。經由教師

會會長的委託，中途班美的世界即將展現鬼斧神工的創作成果。

人被需要時，自會顯現出其存在價值

當一個人被需要時，他的存在價值就會顯現出來；當一個團體被需要時，會產生榮譽感與認同感。孩子們立即從綜合教室轉移到這裡，開始展開一段美麗的故事。其實用文字形容這個過程不如用影像來表達更顯生動。在清理過程中，不時聽見孩子們的抱怨，怎會如此髒！？但是令人感動的是，怨歸怨，還是一點一點地做完，如圖所示，是清理前的樣子，很難想像之前是間辦公室。

這段期間，老師與孩子大多在灰塵與霉味中忍耐度過，清理的物品大多都是舊東西，過程中小動物常讓孩子們驚嚇，動物糞便讓孩子作嘔，更誇張的還清出老鼠乾屍，很想秀出來但是驚悚畫面……，還是將它歸類為限制級。苦中作樂是我們唯一能做的消遣，當清理完成，不知道大家感受如何？我覺得孩子們應該很有成就感。

空——真是令人愉悅，

改造前的辦公室一隅。

清理前　清理後

改造後

難怪我們常常需要清理身心垃圾，才能好好地活下去。此刻，我想做一件特別的事情，呈現 1 張改造完成後的照片，讓大家立即感受到美的震撼！

我希望讀者停留在 3 張照片的時間久一點，感受一下什麼是美。

空間變美之外，孩子努力的過程更美

當你覺得它很美時，你的心也一定美麗，沒錯！自從孩子、世杰老師和中途班導師力偉，每日在教師會辦公室來回穿梭時，

陪伴
讓迷途孩子喜歡學習的新思維課程

　　許多老師也發現了空間的變化。原本連看都不想看的辦公室，現在每天都有老師來到此地走走，讚美老師、孩子，感謝他們的辛苦，面帶笑容，充滿希望，美麗帶來大家的喜悅，串起彼此間的情感。

　　如果你也覺得改變很多，請想想老師與孩子的辛勞。牆面一共粉刷了3次，孩子們踩在長梯上上下下來回的刷著期待和希望，地板一片片的拼接，起頭到收邊，拔了又貼，貼了又拔，木工打磨機沙沙作響，孩子衣服沾滿了木削，做這些工作似乎也有些療癒的功效，話變少了，專注變高了，掌聲、讚美聲不斷，孩子們的自信增加不少。

中途班教育
課程實錄

5

　　除了空間變美之外，其實過程更美，請看照片，你一定相信我所說的。

　　其實這才是我心中最美麗的照片，這些照片都會放在教師會辦公室牆上，當作美好的紀念。也告訴後進，前人的努力才有現在可以乘涼的大樹。2018年4月3日我們舉辦開幕儀式，除了牆上紀念照片外，公佈欄也展出世杰老師的空間美學，這間辦公室是人文藝術活教材，上課學習的好地方。

　　進駐改造期間，我們陸續受邀改善學校更多的空間，下一個挑戰當然是原來的綜合活動教室，可預期的是將可以再次看見孩子們與老師忙碌進出的身影。「一朵花的故事」啟發我的不是我們做得多好，而是過程中透過空間轉變更認識自己的心美不美，檢視自己是否常懷抱希望！？我們壓根不會裝潢，我們只有一顆美麗的心。

阿德勒降落

我對他人有貢獻，當孩子有這感覺時，都能掙脫困難。

因為有這種感受，表示孩子相信自己，是有自信的。我們的課程常給孩子奉獻的機會，希望創造出「相信自己可以的」價值感。

■ 峽藝空間錄音室誕生

徐力偉，記於 2020 年，同時為 2020 年課程

第一回，其實阿清會打鼓

這屆有一位學生阿清會打鼓，又恰好有一套爵士鼓放在地下室。有一天，他突然對我和遵恕老師說：「ㄟ老師，我會打鼓耶！」

因為他平常有些調皮，我們直觀的認為他應該只是想去亂敲擾民。於是遵恕老師有點鬧他的說：「打什麼鼓，先把油漆刷好，行不行。好好專心做事。」本以為那位學生會繼續和我們耍嘴皮子，想不到他卻一反常態的冷靜，不願再多說什麼。

不久後，遵恕老師就離開現場，處理公務去了。那位學生又對我說了一遍：「ㄟ老師，我會打鼓耶！我真的會打啦！」我也開玩笑地對他說：「你不要鬧啦，會很吵。」學生不斷地強調說：「厚，老師我真的會啦！等等我如果亂打隨便你。」我心想：「讓他先敲敲打打一下，等等好專心做事。」他走到爵士鼓旁，就坐後，煞有其事的調整鼓的位置與角度。我放下手邊的油漆工作，在旁靜靜地看，看他待會兒到底要演哪齣。

一聲鼓下，暢快明朗的節奏震醒了我。接著我笑到合不攏嘴，彎著腰拍手叫好。那認真又充滿自信的表情和他平常的樣子實在是差太多了。同時，他也挑著眉毛，並用一種很逗趣的眼神，帶著他那獨特的笑容望著我。看他秀完鼓後，我馬上跑去告訴遵恕老師這件驚人的消息。因為我們學生的吉他演奏，一直少一位鼓手，而他從未暴露這項技能。

　　遵恕老師聽聞，立馬放下手邊的公務，大步回到地下室，想看阿清同學打鼓。而此時他已經安安份份的回到他油漆的崗位了。「唉呦，聽說你真的會打鼓呦。」遵恕老師用褒揚的口氣對學生說。

　　「沒有啊，我不會打。我打鼓只是隨便說說的。」學生故意裝著若無其事，認真地刷著油漆回應。互相逗弄一番後，他還是再打了一套鼓給我們聽。之後，阿清同學只要放學或下課時，都會去地下室練鼓。打鼓聲很大，我們也擔心會影響到其他班級的同學，但也希望之後有個能讓學生安心練鼓的地方。

　　阿清打鼓的小空間，其實是樓梯下的儲存室，像是哈利波特的房間。當我們整理這個空

間時，正猶豫該如何處理，突然，「鼓房」的想法就這樣橫空出世了。後來，錄音室功能是因為遵恕老師想到可以充分利用這個空間，避免浪費這樣隔音設施。於是，便引進了錄音設備（由年度資源式中途班專款經費支應），並安裝了投影機（使用年限到期，仍可堪用的報廢機）。

有人問，我們怎麼會想到要這樣做呢？其實，最初的靈感是來自阿清。可以說，沒有童軍科的清如老師善心提供這套鼓、沒有阿清的自告奮勇，現在這個空間，可能只會是個乾淨的置物空間。人生真的有太多因緣聚合：讓他打鼓，焉知非福。

第二回，其實鐵杵真的可以磨成繡花針

鼓房、錄音室改建成功後，遵恕老師天外飛來一筆地想在錄音室旁的白牆上架設投影布幕，並安裝投影機，希望學生們可以馬上看見當下錄製的作品。我覺得這樣的想法非常好，也讓這個空間的使用更加多元。由於空間結構的關係，我們的投影機雖架在天花板，但卻需要一根不長不短的固定杆。

因標配的杆子過長，在旁的我便向遵恕老師提議：「要不要把這根杆子鋸短一半再安裝上去，不然裝到天花板後會顯得很突兀。」因為這是根金屬管，而我所謂的鋸短，是想說拿去請外面的店家用鋸臺幫我們鋸。

孰不知，遵恕老師竟拿著這根金屬管走進工作室，拿起鋸木頭的鋸子打算鋸斷這根金屬管。我在旁勸著遵恕老師不要白費力

氣，我壓根就覺得這不可能鋸斷。但遵恕老師心意已決，也打趣地回我：「有沒有看過鐵杵磨成繡花針？」

我知道鐵杵可能磨成繡花針，但我覺得現在的情況比較像是以卵擊石。

遵恕老師邊鋸邊對我說：「你看，其實已經有點切割痕了。只要鋸出一個缺口，剩下的就好辦了。」在旁的我，怎麼看都像是金屬管上的油漆被鋸落而已及似乎沒什麼影響的刮痕。當下我也不再多說些什麼。

我心中是這樣想的：「等他鋸累了，應該就會放棄。到時我再拿去外面的店家鋸好了。」於是我走向另一旁，一邊刷油漆一邊等待。

我聽著鋸子切割金屬的聲音，邊刷油漆。不到幾分鐘，本來急促異常的割鋸聲逐漸變得緩和且富有節奏。我想，是遵恕老師放棄了。於是，抱著要拿走金屬杆的想法再度走入工作室。我走進遵恕老師身旁一看，想不到啊想不到，還真的給他鋸出缺口來了！此時此刻的我，心中驚嚇程度彷彿像是哥羅布發現新大陸般。

這位在我面前：額頭冒汗、雙手微微顫抖卻緊握刀柄的男人，究竟還有什麼斬不斷的？我馬上向眼前這位男人致上無比的敬意。並默默地在旁見證這奇蹟的一刻——金屬管，斷了。我想，航海王索隆也不過如此了。

第三回，其實阿成做起事來真的很帥

這學期的校園空間改造已經結束，許多同學都曾在這個原本不起眼的地下空間貢獻了一份力量。不得不說，阿成是協助這次空間改造的最大功臣。

此處的地下室，本是一荒廢已久的閒置空間，斑駁的油漆要死不活的依附在牆面上，四周所見之處幾乎都積滿了厚重的灰塵，各種名不見經傳的雜物，如諸侯般盤據著主要的幹道，加之水肥管線在頭頂經過，溼氣重不說，其屎尿氣味的淤積更是令人望之卻步。只要是人，沒事大概不會想走進這個空間。

一開始的計畫是領著幾位同學清空雜物，再來是用耐心反覆地清掃與擦拭這塊黑暗大陸。清理這些塵物只是開始，最令人頭疼的是──牆面的破敗。牆面的白漆已經發黃，某些地方也生了壁癌，油漆、水泥分散四處的剝落。若直接上新漆，很快便會發霉掉落。所以我們只能先將老舊的油漆，一層層的刮下，再用清水刷洗，直至見到純樸的暗灰牆面，刷

上防癌漆後，才能自在地上漆。

　　之所以說阿成同學是最大的功臣，是因為他一人攬下了幾乎所有同學都無法久做的工作「刮牆面」。用鐵片刮板反覆地刮牆面，聽起來像是一件容易的工作，但真的做起來，大約 5 分鐘後就會開始感到手痠；最久不超過 20 分鐘，就會開始感到枯燥煩悶，因此幾乎沒有同學能安安分分地做完一節課。許多同學常常刮到一半或是裝作刮好了，跑來向我詢問下一個任務。就算是我，最多刮 30 分鐘便會開始心煩意亂。獨有阿成一個人可以堅持到兩節課，甚至連午休都主動前來幫忙，痠了就換手，累了就休息，不疾不徐地去除陳舊的油漆，像是母雞孵蛋一樣，溫柔且堅定地應付這面難搞的老牆。每次刮完牆面後，他的頭髮、肩膀與手臂常常布滿了油漆的粉塵，卻總是一臉輕鬆貌的向我們道再見。這樣的神情姿態，真的只能用「帥」一個字形容。

　　有了阿成的強力支援，以及其他同學的相繼接力，本來預計要耗費 2 至 3 個月的牆面翻新，卻不到 1 個月的時間就順利完成了。其實，我們原本要改造的空間，就只有地下室而已。但由於刮牆面這件事出乎意料的快速與順利，加上學生們也願意繼續奮

鬥，所以空間的變化就不知不覺地從地下室走了出來。走到了樓梯下的空間，也走到了樓梯間。現今，來此使用設備或參觀的師生們，對我們的魚道、多功能錄音室、藝術廊道驚訝不已。但在第一線、第一時間面對狼藉髒亂的我們，我認為最棒的畫面，是阿成與其他同學用毅力刮牆的時期。那是現今之所以亮麗的起點。

後記

劉遵恕，記於 2020 年，讀後撰寫

喝著力偉老師送我的三峽蜜香紅茶，有種特別風味，發酵茶中還帶著茶菁香，難怪說是他喝過最好喝的茶，果然有品味。今天力偉老師與孩子將錄音室（鼓房）完成，地下室工程進度只剩下最後整理，回顧這學期的點點滴滴，只覺得不可思議，腦中都是和孩子們一起工作的對話與故事。今天和小雨貼著吸音泡棉，聊著他未來選擇男友的標準，聽得出他對條件有所堅持，說得害羞，而在一旁聽的我，覺得可愛。

這學期發現他有許多特別之處，給他中途班的課不來上，減課後卻常常央求加課，像今天，小雨放著班上有冷氣不吹，卻想和大家在地下室汗流浹背工作，力偉老師好奇地追問為什麼？他只說寧願工作也不要無聊地待在教室裡。邊工作邊聊著好笑的故事，臨走前也做好資源回收，真是令為師感到欣慰。

小酌一口茶，想到今天帶孩子洗車時，車主劉珈均老師說的話，他說很羨慕我可以當中途班老師，不像他只像個馴獸師。很

慶幸能和孩子保持親近,這讓我覺得自己是位驕傲有尊嚴的老師。洗完兩輛車,孩子喝著珈均老師請的珍珠奶茶,在炎熱的初夏,心中暑意全消,和孩子在樹下聊著這學期洗車的點滴,無私奉獻不求報酬。阿德勒說:「讓孩子吃點苦,對人格發展有正向幫忙。」看著孩子喝珍奶滿足的表情,此時我的心中沒有勞累,有些幸福。

技藝類課程：用行動力圓小畢旅夢[14]

2015～2018 年

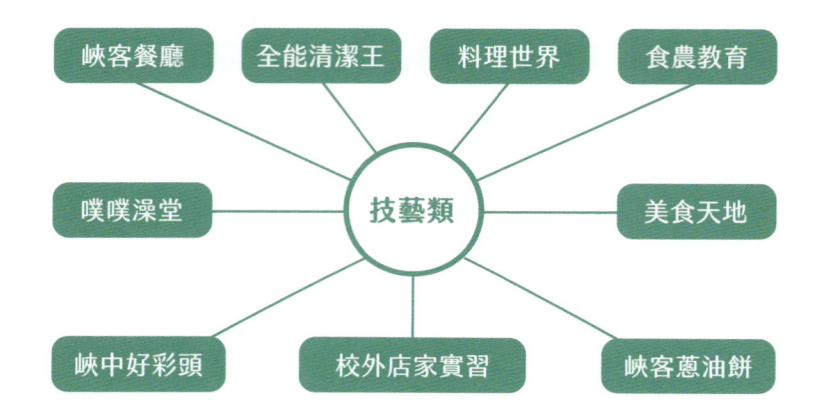

```
峽客餐廳   全能清潔王   料理世界   食農教育

噗噗澡堂           技藝類            美食天地

峽中好彩頭   校外店家實習   峽客蔥油餅
```

■ 一張蔥油餅激發出孩子自信心與良好師生互動

增進孩子自信心與師生正向互動

中途班有一堂料理世界課程，長期都由愛心十足的外聘講師羅嬌蘭老師帶領，她同時照顧三峽國中特教班、技藝班與中途班，不同類型的孩子在她耐心教導下都有很好的學習態度。104 學年度課程中，特別聘請老師教孩子們製作蔥油餅。完成作品後，孩子們會向各辦公室老師介紹，進行學習發表，接著邀請老師品嘗

註 14. 此課程，羅老師為外聘講師。因為有他的出現與配方提供，使得孩子們製作蔥油餅大受歡迎，用此收入當成小畢旅基金完成夢想。

並接受讚美。別小看這番互動，每一個細節都能增強孩子們的自信心，促進師生之間的正向互動，這是我們特別重視的部分。

和孩子一起工作就是一種享受。

萌生帶孩子小畢旅的想法

小時候，父親常常做蔥油餅，我印象中製作過程並不繁瑣。所以我腦中立即浮現一個畫面，就是——蔥油餅公司。如果向孩子說明公司成立的目的，若孩子認同，公司就有員工，有了員工就有生產線，產品一出就可以販賣，所得的錢則用作孩子的畢旅基金。這些孩子們常因無法融入班級，很少參與班級活動，失去或錯過許多的學習機會，例如：學校各項表演活動、畢業旅行等。但現在，在中途班裡有了新的開始，孩子們現在有了想學習的動機和一起合作的朋友。如果能創造一次旅行，讓孩子們學習規劃行程，聯繫所有環節，他們一定會非常開心，哪有孩子不喜歡旅行，不喜歡與人一起討論實現夢想的事呢？

想法一出，我激動得難以言喻，立即展開籌畫。首先，我在中途班導師的時間裡向孩子說明計畫，並招募成員。我特別鼓勵參與料理世界課程的孩子們踴躍參加，因為他們學過手作蔥油

餅，應該能夠很快上手製作蔥油餅。配套措施就是向孩子原班導師說明這項計畫，好讓他們能在午休時間抽空幫忙。有幫忙的孩子就能加點數，這些點數也同時會算在孩子們在中途班課程中的表現紀錄，爾後可作為記功嘉獎或加課減課的依據。最重要的是，對於願意參與肯付出的孩子，我們一定很樂意帶他們一起圓夢。

和孩子一起有目標性工作，是一種享受

成員有了，就是一切希望的開始。初期研發工作花了我們不少時間，因為嬌蘭老師一週只來一次，所以透過電話取得配方後，我和小翊、峻哥花了兩個早上研究麵糰的乾與濕，例如第 1 天，午班同學就反映麵糰太乾，以至於麵糰桿不開；第 2 天，濕度調整後，桿開了但又會縮回去。最後，還是老師出馬發現問題，原因是早班揉麵太久，破壞麵團筋度。天呀！原來如此。前後花了 3 天時間才漸入佳境。午班的問題是麵糰太多趕不出來，拖了不少上課時間。後來，生產過程與計畫終於底定，早班只能做一個麵糰，剛好讓午班做 12 塊蔥油餅，冷凍起來，等著計算成本，訂出販賣價格。這又讓我與老闆——輔導主任，盤算一陣子，同時間我們又將第一批冷凍蔥油餅，拿出來試煎，請老師和孩子品嚐。真好吃！一切定調，冷凍蔥油餅一片 10 元，10 片裝成一袋，以 100 元價格出售，太感動了！計畫實現了，教育就是這麼好玩，和孩子一起有目標性工作，真是一種享受。

最後，還剩一項重要的工作沒完成，設計屬於我們的商標。

我們邀請實習老師汶欣帶著綺綺、盈盈，設計出商標，並且標示成分、烹調方式，「蔥寶寶」誕生。

客戶還是鎖定校內老師，因為一週只能生產 5 袋，一推出就是秒殺，原本還想開發客源的念頭馬上關掉，因為不夠賣。因緣就是如此巧妙，家長志工的幫忙，解決了這個問題，也製造志工與孩子相處、互相關懷的機會，孩子與這些叔叔、阿姨工作，變得柔軟許多，廚房也多了許多話題與歡樂，這畫面特別美麗。當然重要的是，我們離畢旅越來越近了。

可愛吧！

家長志工的加入，讓生產線有更多關懷畫面。

一波拒買風波，品牌受到考驗

要求孩子穿戴標準化的餐飲服裝，自開學以來就是一項不可能的任務，因為孩子們堅持穿衣原則是美麗與帥氣，而標準化的餐飲服裝很醜。所以我們一直用獎勵代替要求，希望能達到高品質的衛生標準，藉此讓孩子們學習餐飲的基本態度。不過，成效有限，能夠確實履行的孩子寥寥可數，許多孩子抱著得過且過的心態，讓問題一直存在，如果有人質疑，我們便無從辯解。老師群們以最大的包容心看著孩子們在衛生邊緣遊走，默默等待問題的發生。似乎老天自有安排，當信任度一天一天消失，疑慮與不安一天天加劇，終於爆發出令人無法接受的頭髮事件，徹底將問題一次爆發。峽客蔥油餅——蔥寶寶品牌遭受史無前例的考驗，拒買聲浪四起，讓大家辛苦累積的品牌誠信一次消費殆盡。最後，主任下令停產，這讓孩子們陷入挫折與低落，復工日期遙遙無期，怎麼解決這棘手的問題，大家都在觀望。

道歉——學習面對錯誤的良機

和孩子週二與週五都各有一節的導師時間，這兩週都圍繞在這個話題上，因為中途班有兩條生產線——蔥油餅與噗噗澡堂洗車事業。這關係著孩子們能否實現自辦畢業旅行的夢想，目前現在只剩下收入不穩的洗車，因此蔥油餅的復工問題刻不容緩。在課程中，我試圖引導孩子們一起思考解決方案，最終決定由肇事者負起最大責任，並由我帶著他們練習道歉，再加上承諾不再犯

錯。最後，大家想出衛生改進方案，朝著復工目標前進。說到道歉，這些孩子需要重新學習與練習，你們一定覺得奇怪，這不是小學甚至更小就應學會的基本做人態度嗎？別意外，這真的需要重教和練習。我利用諮商室桌上的人型玩偶當作道歉對象，逐一指導孩子練習說話、眼神、語調與態度，直到一切調整無誤後，才帶他們正式道歉。首先是在導師時間向其他同學道歉，我最擔心的就是孩子會笑，畢竟平常同學間彼此了解，一下子變得如此正經，其他孩子可能會覺得好笑。但令我很意外的是，道歉的孩子不受影響，依然堅持保證不再犯。當孩子能夠面對自己的錯誤時，老師也能打從心裡激賞，善的循環能讓我們感動並高興好久。

東山再起重出江湖

之後我們花了很多時間討論東山再起，討論如何挽回顧客的信心，當然我們必須改變自己的態度，增加自己的信心，最後還是須從行為著手。從照片看來，要達到衛生標準，首先從服裝著手，圍裙、口罩加帽子，桌面清潔與善後工作，每一個步驟都要按照程序來。經過大家討論後的第一週值班，很神奇地帶來完全不同的變化，以往擔心的問題竟完全獲得改善，孩子們不再抱怨穿著麻煩，反而視為理所當然。一個團體的力量真是不可思議，大家真心想要力求改變，改變對自己的看法，轉而支持峽客蔥油餅──蔥寶寶。

這裡有位靈魂人物──均均，他的改變不是靠言語說的，而

和桃園市介壽國中孩子一起製作蔥油餅。

是用自己的行動帶領大家符合標準。雖然他總是面露微笑，但他內心成熟得讓我意外。每天早上，他可以為改進計畫準時到校，每天見到他都有種安定感，我都稱他領班，他會要求值班人員注意細節，也會幫忙拍照紀錄衛生改善的證據，每天每天重複此事，這讓我心中充滿了希望。其實我很想問問他為什麼如此配合與認真，我甚至覺得他根本不像中途班的孩子。做事時展現無聲力量用來形容他很是恰當，我完全可以很放心地把任務交給他，當有人沒來值班時，他定會自己扛下責任，將事情逐一做完。大家做完事情後會把當日的服裝清洗乾淨，如果遇到下雨天，均均會把服裝拿去烘乾，隔天又逐一摺回放好，就是這樣的努力，我們在短時間內就重新贏回大家對我們的信心，蔥寶寶再度重出江湖。

問題發生是最好的教育機會

因為有問題才會沒問題，看見大家為著自己蔥寶寶付出精

5 中途班教育課程實錄

神,這種向心力真是好教育,沒想到一片蔥油餅竟帶給我們重新學習的機會。12月19日,桃園市復興介壽國中來了4位孩子,一起和我們學習做蔥油餅,經過改進後的成果讓遠道貴客學習,雖然他們不知道我們經歷過了些什麼故事?但我們所展現的超專業態度,讓介壽孩子們學會了如何做好一張蔥油餅。臨走時,孩子們表示感謝峽中,讓他們擁有了一次豐富學習的體驗。我們的改變竟成為學習楷模,也讓我們信心油然升起。

中途班小畢旅

對於中途班孩子來說,與原班同學連結度低,因為他們長期找不到對班級的貢獻處,所以漸漸地把自己隔絕於外。班級的活動常是被動參加,畢旅因為費用較高,更有不參加的理由。

加入中途班後,學習有了不同變化。對此班有了認同感,懂得奉獻,也有了自信,這樣的成長與改變,讓我們萌生「小畢旅」的想法,彌補孩子在國中時期對這個學校情感的缺憾。

我們用他們製作的蔥油餅、峽中好彩頭(炒菜脯)所賺來的錢存入小畢旅基金,由老師設定目的地,讓孩子規劃行程,自己與旅行社聯繫,買機票,完成這趟旅程。

▌漫長的過程中學習等待與耐力

徐力偉，記於 2017 年

蔥油餅的課程雖然不是由我帶領，但我時常去烹飪教室關心他們。「哈哈哈，老師你看，這麵團好噁心、好黏喔。」學生們把玩著尚未成形的麵團，製作麵團不是一件容易的事，對他們而言感到新奇是正常的。我很喜歡看見他們碰到新奇事物的表情與反應，是純然天真可愛的面貌。

每一次課程結束後，學生們都會拿著他們的成品來輔導處請老師享用。通過輔導處老師們的集體認同，他們的商品才能開始販售。起初，我會選擇坐在位置上默默注視著他們發送的過程。

當一個人抽離情境去看待他以往做過的事時，
往往思路會清楚許多

中途班的孩子外向的居多，只是他們的外向往往是在嗆老師和違反校規上。因此遇到正經事要討論或是正常的禮貌問候，他們有時反而會顯得扭捏，不好意思開口。有些學生在送蔥油餅給老師的過程中，會安安靜靜地站在老師身後，等老師發現才小小聲地說一句：「老師這是我們今天做的蔥油餅。」

有時候，當老師準備起身時，會被這些默默等待的學生嚇到。這當然要機會教育一下，我請其中一位孩子過來觀察每位同學送蔥油餅時所說的話與表現，讓他想像自己若是老師，覺得哪種方式比較讓人感到舒適。在觀察過程中，他也看到了「默默等老師發現」的這種送法。

當一個人抽離情境去看待他以往做過的事時，往往思路會清楚許多。接著，我再引導他做出改變，他也會更容易接受，而不是執著在「自己不敢」或是覺得「拿蔥油餅請老師吃好像怪怪的」這一想法上。因為不發一語地站在別人身後，是更奇怪的事。

見到這個現象，我是難過的，明明是一件好事，他們所表現出的模樣卻像是做錯事的樣子；而明明是一件壞事，他們有時卻表現出理直氣壯的樣子。那他們的好，是不是很容易被忽略，他們的叛逆，又是不是很容易被放大？他們的生命有太多漏寫的功課。

學習好好溝通討論

第三次蔥油餅課程結束後，雖然大概知道蔥油餅的做法，但品質上還是起起落落。輔導處老師每次吃完蔥油餅都會給予即時的回饋，某些人做的就是很ＯＫ，某些人做的不是太硬就是沒層次。

藉著導師時間，我和蔥油餅小組成員開了一次會，想找找問題出在哪？「昨天有一片感覺特別難咬耶？晚一天穩定品質，就

會晚一天開始販售。大家沒忘記我們的時間有限吧？」有人欲言又止，有人悶不吭聲。沉默了一小陣子，最後我問了那片難咬蔥油餅的製作人之一，茂哥說：「我不知道阿，我都照做法做。」

「你屁啦，忘記怎麼做也不去問老師，後來老師跟你說不是那樣做，你也沒再聽。」阿紫有點情緒地說。

「啊本來就是這樣做，不然你想怎樣？」

「X，最好是這樣做啦，老師問你秤重有沒有歸零？你也不回答。」阿紫接著回應。

「啊你一直問問題，老師都在你那邊，我是要怎麼問？」

「⋯⋯」

雙方你來我往，但這交集不多的對話，卻可能隨時引爆現場，這就是他們的日常。

他們的組成，本來就來自不同班，一來沒有同儕情誼，二來大家都九年級才來到這個班，性格都已經成形差不多了。突然要他們彼此好好溝通討論，本就不是件容易的事，要讓他們團結起來更是難上加難。

因為大家才剛開始認識，學生也未必會信服我們，如果老師此時去責怪或壓制那位做不好的同學，這個團隊很容易就會直接解體，日後我們也不容易和這位學生建立關係。這位學生是拉不下臉在大家面前認錯？還是在無理取鬧？老師只要夠冷靜，當下一定能判斷出所以然。

像這種快要發生衝突的現場，一切問題都先暫停討論，無論

是學生之間，或是師生之間。輔導處廣為流傳一句話：「先處理情緒，再處理問題。」只要你和學生的關係還在，問題都好解決，等學生情緒緩和後，找個時間好好講清楚都可以，但一定要講到讓他們想通，至少雙方要知道彼此之間的動機與想法，不然他們很可能會演變成私下發生衝突。這時，我也只好先暫停這個話題，先說明其他的事情。

課堂結束後，我請茂哥過來。他的情緒還在，但已經不像剛剛那麼高漲了。

「其實你知道蔥油餅該怎麼做吧？」他沒有說話，也沒在看我。

「只是有時候會忘記一些小地方？」

「嗯。」茂哥眼神飄移地回應我。

「可以簡單地告訴我做蔥油餅的步驟嗎？」

他想了一下說：「就秤麵粉，加水、加鹽醒麵糰，然後抹油、包蔥，桿一桿。」

「很好啊！你都能記起來做蔥油餅的順序流程，證明有在用心做啊！」

他終於用正眼看著我說：「嗯，誰說我不用心的。」

我搭著他的肩，聲音更輕柔的跟他說：「那你有沒有覺得你做出來的跟大家不一樣？」

「有。」

「好吃嗎？」

「不好吃。」

「你也想把蔥油餅做得好吃吧？」

「東然啦。」（台）

做個蔥油餅，還可以教會學生這麼多事

於是，我找個時間，私下帶著他們那組人慢慢再做一遍。挑出了許多茂哥不熟或忽略的細節。而他們同組的人也會這樣回我：「這樣也有差？」我也總是這樣回答：「差很多喔！」

你說，他們知不知道要怎麼做？他們絕對知道。只是太長的時間，他們沒有好好達到別人的要求過，所以很多時候他們腦中只存在「有做」和「沒做」的分別，不容易有「好」或「不好」的自我要求。剛開始和他們相處，真的需要花很多時間和耐心來陪伴他們。

這一次的陪伴與親身教導，我和茂哥這群孩子的關係，瞬間拉近許多。尤其是茂哥，之後都會很常拿著他自己做好的蔥油餅自信又跩跩地問我：「力偉，今天的怎麼樣？」我笑著點頭。

我們的蔥油餅是從一袋袋麵粉做起，好不好吃就是看每一個細節，真的是每一個細節。

雖然做蔥油餅不複雜，但要將蔥油餅做的好吃，除了學會步驟外，更重要的關鍵在於拿捏配料比例的精準度。冷熱水量、麵粉量、鹽量、和麵的時間與力道的掌握、桿麵團的厚薄度與煎餅的火候、甚至在最後的調醬、抹醬，只要不經心，大家都吃得出

來。所以做蔥油餅，是簡單卻也不簡單。

這個部分的學習，對這些孩子而言正是最缺乏的。老實說我們也沒想到，做個蔥油餅還可以教會學生這麼多事。

也許是因為他們的人生大部分時間都是在「差不多」的狀態下度過的，因此反應在做蔥油餅上，就會「差不多」的做。而這個「差不多」的做，或許在他們主觀的感受上，他們已經很投入了，但在我們旁人看來，則是有點馬虎。

所以我說，一方面是決定蔥油餅好不好吃的細節，但另一方面可能是影響他們人生走向的細節。

如果我們不重視我們開的課，不重視他們的學習。這堂課，真的只是讓他們消磨到學校上課的痛苦時間而已，可是如果我們願意多鼓勵他們一點，多提醒他們一點，對他未來漫漫的人生而言，或許不是單單學會做好蔥油餅這樣一件事而已。

▋小畢旅希望，越來越靠近

徐力偉，記於 2017 年

願不願意做才是問題

最一開始孩子們聽到要做蔥油餅，而且還要拿來賣時，每個人眼睛都瞪得大大的，覺得不可思議。向來沒有什麼發揮空間的他們，突然聽到我們要他們幾個做蔥餅，而且還要拿去賣。紛紛開始唱衰自己，為我們未來的事業預備了滿滿的哀悼文。

「什麼？是那種可以吃的蔥油餅嗎？」

「你在說廢話嗎？蔥油餅有不能吃的嗎？」

「不是，是我們做出來的蔥油餅可以吃嗎？」

「應該不行。」

「會有人買嗎？會不會最後都我們自己吃掉？」

「結果上完蔥油餅課的人，會不會肥死？」

「……」

「老師，我們不要浪費食物好不好？」

「老師，到時候沒人買會不會很丟臉？」

「還是我們買現成的來煎嗎？」

「你會煎嗎？」

「不會。」

「老師，可以不要賣嗎？我們自己吃就好。」

　　我很喜歡丟出一件事時，看孩子們七嘴八舌的什麼都討論，有時候會聽到歪樓的，有時候會聽到一些真知灼見的，但在這裡歪樓居多。我在旁邊看他們自己唱衰自己一陣子後，心中是好笑又好氣。氣的是他們真的很小看自己，不會就去學，學了就會。做任何事的道理都是這樣的，拋開一些複雜的學科不談，很多事能不能成的關鍵是在做與不做，而不是在會與不會、能與不能。

　　從討論中我看到的是，他們的問題其實都不是問題。重點是願不願意做，如果不願意，我們硬逼他們也只是事倍功半，弄得不好，搞不好還會關係破裂。

隨後我又向他們拋下了一個震撼彈，這些賣出去的錢，我們要拿來當作畢業旅行的基金。地點我都想好了：「香港迪士尼樂園。」

　　語畢當下，男生多是笑到捧腹，女生則多是用一臉錯愕的表情看我，我心中不禁暗暗地為此情景、為他們心理的 OS 對了個橫批：「哩洗勒工三小。」

　　「老師你別鬧了啦，還迪士尼樂園勒。」

　　「要不要乾脆去美國夏威夷？」

　　我一本正經地回應他們：「錢夠就可以。」

　　一瞬間，他們好像聽明白了什麼，那些不安與躁動，頓時消卻了不少。

　　「真的去不了迪士尼，去澎湖總可以了吧？」我說。

　　「好像可以。」（其實也很不可以好嗎！！！）

　　「老師，澎湖在哪裡？要坐飛機去嗎？」

　　「白癡喔，澎湖就是要從臺東搭船過去的那個啊。」

　　「你才白癡哩，那邊是綠島。」

　　「喔，是喔？」

　　「……」

　　一時之間，他們的心境竟從「懷疑蔥油餅能不能賣」到「感覺好像能去澎湖。」看看人有多健忘。

　　「要不要去澎湖？一句話啦！」我聲量有點大地說。

　　「要！」「去啊！」幾個眼神發亮的孩子在那叫著。

為什麼我要做蔥油餅，

為什麼我要把蔥油餅做的好吃，

為什麼我要賣蔥油餅，

因為我想去澎湖。

當老師幫孩子把這些事情串在一起時，當孩子還是散漫不配合時，我們就可以很快地把問題解決。你只要問他一句：「你想不想去澎湖？」這個目標導向非常清晰。

操作學習對許多一般孩子來說是件輕鬆的事，但是對中途孩子來說就需要反覆叮嚀，甚至外加情緒管理。秤重時容易忘記先把容器的重量歸零，看刻度時，時常看錯，熱水和冷水的比例記反，切麵糰時，大小時常不均勻，桿出來的蔥油餅厚度時常厚薄不一。這個過渡期非常地長，如果這個階段學生們沒法熬過去，可能就要有自己吃蔥油餅吃到畢業的打算了。

他們用心與否，最直接的呈現就是蔥油餅好不好吃，所以最直接的教學回饋就是問他們：「這樣子的蔥油餅，你們會花錢買來吃嗎？」

孩子，無時不在地考驗我們的智慧

一路走來，你可以看見他們逐步地成長。雖然學生玩心大，但大家都各做各的，沒有互相監督。不過，我們都有個共同的目標就是學會做好吃的蔥油餅賣錢去澎湖，其次是「趕快」學會做好吃的蔥油餅。當孩子投入後，給孩子們的動力很重要，清楚說

明我們的販售計畫更重要。不然蔥油餅會被他們「用來招待校內好友」（很多同學下課，會準時出現在自理室廚房外，等待投餵），搞得他們自己到處瞎忙，影響到自己的狀態，時常不夠專注。

這裡要補充說明「訂定目標」這件事情的過程，從前兩屆中途班的教訓而來，遵恕老師說：「要帶他們爬玉山、辦同樂會。」我們是認真的想帶他們去，這點他們很清楚。能去到哪裡，全是看他們自己願意做到哪裡，但是最後孩子表現只能到三峽中坑溪露營溯溪（詳見本書「中途班教育課程實錄——面對挫折的勇氣」一文）。

106學年度為了達成目標，推出獎勵策略[15]，一週表現優良的孩子就能上冒險課[16]，本來是獎勵卻有人因為不想上山而故意不配合。因此，為了這類同學，我們就把獎勵就改成不上山，但又由於冒險課有其進度與要求，後來冒險就轉為正式課程，於是我們改變策略找了料理課來當作獎勵課程。每週獎勵的料理課程都會不一樣，有一次的料理課是做牛肉捲餅。和水、揉麵、發酵、桿平、包蔥、卷形，細節多卻又不複雜，下鍋油煎也只需注意火候。重點是製作捲餅的時間長，相較於炒飯、包餃子，這類課更能消耗他們每日無所事事的狀態。

註15. 中介課程規劃參與獎勵課程計分項目：服務學習時數、上課表現狀況、假日與放學活動參與次數、聯絡簿到心得本認真撰寫度。

註16. 冒險課多是進到山林裡活動。

策略常在改變，因為孩子太聰明了，無時不在地考驗我們的智慧。澎湖之旅是我們和孩子互動起來最順暢的激勵達標模式，我們希望每位孩子都可以參加，但是計分篩選還是有其必要，因為還是會有不在乎的孩子。

當他們從忘東忘西到行雲流水，手作捲餅或蔥餅從奇形怪狀到圓滿平整，只要你沒放棄，老師就會全力支持。但你一定要知道，老師真的很用心、很在乎你。

「老師您好，這是我們今天做的蔥油餅。請享用！」不知道何時開始，這是每週都會出現的日常。

中途班小畢旅課程操作原則

我們將想學做蔥油餅與不想做蔥油餅的人分開，不想學蔥油餅的人安排上其他課程。想學蔥油餅的人，我們在區別想去澎湖的跟不想去澎湖的，分別安排不同的任務給他們。

如果全部的人不分類、不分工地都摻雜在一起做事，最後就會有一種聲音出現，老師，為什麼我要幫他們賺錢，為什麼我也出力了，我什麼都沒有。這些一開始就要清楚地告訴他們，也要時時刻刻地提醒他們。

不然整個小組運作的動力就會被一些負面情緒和消極行為拖垮，畢竟蔥油餅要賣到幾萬塊，本身就已經不是一件容易的事，要盡可能地先排除未來可能發生的變項。

5 中途班教育課程實錄

▌澎湖我們來啦！

徐力偉，記於 2017 年

　　孩子來學校的目標是什麼？本質上而言當然是學習，而評鑑這些學習成果的重要標的之一就是會考。所以一般課堂上的孩子到國三時都知道，他們會面臨國中的最後一個階段評鑑——會考，而畢業旅行也通常是在九年級上學期舉行。

忍耐、專注與不斷重複學習

　　這些很難回到教室學習的孩子，他們來學校的目標又是什麼？會考到底是不是他們現階段最重要的事？如果能引導回到本來的學習狀態，那當然要全力協助，也是成立中途班的理想目標。只是這些孩子長年對學校課程氣餒至極，光感刺激立即回饋的生活模式早就讓他們忘記什麼是耐心。當這些孩子已沒有學習和練習的習慣，又常年不在學習的環境中，叫他靜下心來好好聽課，無疑是至高的挑戰。

陪伴 讓迷途孩子喜歡學習的新思維課程

　　我們所有課程的宗旨，就是幫助孩子找回學習的感覺，並培養他們的耐心，專注於不斷重複的學習過程。從實作的學習，藉此慢慢引導回學業上（理想的目標）。因此，帶孩子上不同的課程，除了老師的鼓勵與陪伴外，最重要的就是跟他們一起設定目標，讓孩子知道自己短期目標在哪裡？最後的目標又在哪裡？訂好一個努力的方向，是引導這些孩子更有動力的一種辦法。

　　如果吉他課是為了帶給幼兒園歡樂，冒險課則是為了讓孩子體驗野外兩天一夜的自理生存，那我們的蔥油餅和洗車課的目的就是讓孩子自籌旅費，搭飛機去旅行，讓孩子自己給自己一個小畢旅！這樣的想法主要是想完成滿足兩個目標：其一當然就是讓這些孩子有了大目標，知道努力的終點，以及動力來源；另一項目標是，某些孩子可能已經脫離班上太久了，甚至與班上同學幾乎沒有什麼連結，長時間相處下來，反而與中途班的同學更為熟悉。因此跟著這些同學一起去畢旅，或許會比跟班上同學畢旅來得更難忘，也有更多的感動。

　　學習的過程是這樣的，新奇──學習──練習──不斷練習（煩悶）──專業。而孩子們的屬性，往往都是在練習，甚至在學習的階段就熬不住，就算熬過去了，在大量練習這一關也很容易陣亡，這時候就要幫他們打「強心針」，這個強心針就是「每週的盈收」和「為了澎湖」。

讓孩子學習如何圓夢

我們用經營公司的模式，規劃每個孩子可以負責的時段，以及讓孩子去負責收支紀錄，錢交由老師保管。這樣孩子們會很清楚地知道自己這週努力的成果。從收支長期的高低變化，我們也可以觀察到蔥油餅的品管有沒有出現問題。當然更多時候，老師會直接回饋給孩子，比如煎得很酥脆、厚度咬起來剛好、感覺有點油，或是調的醬有點鹹，這些回饋都是對孩子的鼓勵，而且可以讓孩子清楚地知道調整的方向。

在這樣的過程中，也可能會發生計畫永遠趕不上變化的情況，如當初那些信誓旦旦說要去澎湖的孩子，可能會突然變卦，變得消極，變得不願意配合。因此，帶孩子們的老師需要具備非常強的傾聽和包容能力，因為有時想放棄的不只是孩子，可能連老師也是。

某一屆要認真做蔥油餅一起去小畢旅的人數不多，同時又負能量超強，邊做邊抱怨、時不時沒來學校的，或是動不動會頂撞老師的孩子們，因為這樣的關係，所以放學後，我會留下來陪他們一起做蔥油餅，不知不覺地就成了常態。在前期，他們對蔥油餅製作還不熟，我會挽起袖子跟他們一起做，也趁此機會建立彼此的關係，了解每個孩子的習性。等到他們熟練流程掌握製作蔥油餅方法後，我就負責規劃大家的時間，協助他們進行品管，並在課後留在學校陪伴他們一起製作蔥油餅。

長年下來，面對這些孩子，挫折感當然也是不少，但即便是對牛彈琴，也要彈下去，因為我們不知道哪一天他們會因為我們的努力而有不一樣的轉變，但難就難在如何讓他們願意聽我們說，他們也願意說出心裡話。

幫助孩子學會願意付出

像是有一個負能量超強的小雅，當我們在分配工作時，他就會很自然而然地先回覆：「我不想做」、「我不要」、「為什麼是我」，或許是他太長的時間處於這種先回絕他人，或是負能量的狀態，所以導致他的性格是偏向灰暗的。可奇怪的是，當我問他想不想去澎湖時，他又會眼睛發亮的跟你說：「我要！」

前期我還抓不到跟小雅相處的方式，所以會跟他好言規勸、鼓勵他。但後來我發現，「先回絕、先否定」已經是小雅待人處事的習慣。經過一段時間的相處後，這個習慣小雅還是帶在身上，過去那些正向溝通經驗，並沒有幫助他成為更好的自己，當然我們之間的互動也一如往常。只是作為一位急於傳道的我，不斷地面對同樣的事情，不斷地重覆，日復一日也是會有情緒的。老師感受到有情緒時，最好的辦法不是壓抑，因為壓抑到有一天，情緒會爆開，會傷到孩子，我們應該是去想辦法化解情緒的根源，也就是小雅每次先否定的狀態。

與這些孩子要有深度的溝通，不適合在同儕面前跟他說，因

為會流於表面溝通，如果言語不當或是氣氛不對，學生還會把老師的指導當作是給他難堪，讓他丟臉。

某一天的下午，我約了小雅到諮商室坐下來好好聊聊，開頭就是先交代這幾天的任務，果不其然，他馬上先回絕，說：「不要啦、我好累、我不想。」

我又說：「你不是想去澎湖嗎？還是你其實不想去，真的不想去跟老師說，沒有人會勉強你，但如果你要去，卻又不做事，怎麼會有經費搭飛機跟住宿呢？（這已經是我講了N次的台詞）」

小雅又立馬改口說：「老師我真的想去，我要做。」

接著，我就把我跟他長期以來的互動狀態，包括就在剛剛他回絕我的過程說給他聽，再引導他回想過往的經驗。我問他：「是不是有人和你說要做什麼事的時候，你都會先拒絕。」小雅傻傻地點頭說：「好像是耶。」

我接著跟他說，我們的人生到底會遇到多少位願意對你不離不棄的人、了解你的人、願意陪你、包容你任性的人？如果你遇到了千萬要珍惜。而現實是，多數人是不會這樣遷就你的。老師可以這樣不斷地和你持續互動下去：發任務──回絕──提醒你──你願意做。但我覺得這樣真的很可惜，你的人生少了一次成長的機會，可不可以我們一起來練習一件事，當你拒絕我的時候，我不會再和以前一樣回覆你，我只會看著你，這時你心裡就

自己要認真思考，這件事是不是你自己想要做的。如果你說出你不想做，那我就會如你所願，請你當下先離開！

有了這樣的共識後，一開始小雅當然很難改掉，但我也不再多說些什麼，場面頓時安靜，我就是面帶微笑地看著他。他自己就會意識到我們那次的談話，然後急忙接著說：「沒有沒有，我可以的。」漸漸地，他開始沒這麼快就回絕我，會停頓一下再回答我，到最後幾乎就是很正常的回覆我說：「好！」

這樣的過程非常長，幾乎是在他畢業前一兩個月才調整回來。帶著這些孩子去澎湖，對孩子來說是開心的，對我而言，則是快樂地看到孩子們完成一次人生的蛻變，讓他們的未來少走一點彎路和少受點委屈。這是可遇不可求的喜樂，是讓我們還願意繼續下去的動力。

無論是什麼樣的課程，只要是需要不斷反覆練習的，這些孩子往往會慢慢失去最初接觸的熱情與謹慎，他們的習性也會逐漸展露出來。而接下來，就是對老師考驗的開始。我們必須要下功夫、辛苦地聽懂孩子的想法並且陪伴下去，這將會是最有成就感的一段過程。

每次帶孩子們搭飛機，最令我感到開心的，是看到他們坐在飛機上，朝著窗外俯瞰起飛與降落的那一刻，因窗外景象而發出的雀躍和驚呼聲，這些都是他們長時間投入後才能體驗到的感動。而這樣長時間咬牙地堅持，也是這些孩子們最缺乏的。反過

來，看看我們人生中所有的成就，不也一樣？

　　總之，每一屆我們都會遇到很多意料之外的情況，感覺也不輸三藏法師西天取經了，一路上和孩子們真心的互動與教育，或許未必能在學期間開花結果，但一定是一段溫暖又快樂的回憶，或許對他們往後的人生而言才是最大的禮物。

> **阿德勒降落**
>
> 不是孩子行為有什麼問題，我們一定要相信他們背後動機與目的，都是出自於「良善」。
>
> 因為無論如何都可以著眼在「善」，給孩子勇氣。

06

發掘孩子們
生命中的珍珠

慧眼識優點

劉遵恕，記於 2016 年 11 月

■ 孩子的改變，發生在每一天與他們的互動中

當人處在失落時，往好處想，看見亮點，真的會有療癒作用。從 2015 年 10 月開班以來，5 個多月的相處，真的看見孩子們的進步，改編阿姆斯壯在登上月球所說：「我們看到是一小步，但對孩子來說卻是一大步。」改變與進步對這些孩子們來說，也許是常常掛在嘴邊，用來安慰自己與他人的提神飲料，但本質上還是累，喝了也沒多大作用。不過這些日子仔細想想，孩子們的改變，真的發生在每一天與他們的互動中。

■ 登上閃亮舞台，讓更多人疼愛你

怡雯，從你講話神情就可以知道你最沒心機，有話直說，主動和我分享你的美麗與哀愁，傻大姐的個性真是可愛，好像做了很多，卻總是得不到關注。其實，你的用心我全看在心裡，正打算把重要任務交付予你，找時間我會仔細向你說明白。

殊不知你對中途班的重要，沒了你，成功就缺臨門一腳，少了你的任勞任怨，事情就不會圓滿。有時候，我覺得很可惜，像你這樣的姑娘應該有更好前途等著你，不應該只有如此。真要給

你更多亮點，我這個人沒別的好處，發現你的亮點我很在行，別拒絕我喔！提升你的生活品質，就會有更多可能性，你有這麼好的性格應該很有前途才對，我會說服你與我合作，登上閃亮舞台，讓更多人疼愛你。

▌令我懷念的良善與熱情

仁君，每當你來我身邊幫忙中途班的行政事務，我總覺得很放心，如果我是老闆，特別助理一定非你莫屬。做事認真負責，除了處理交辦的事務外，你還會多做，真是貼心！接手你的工作真是一種享受，不過常請假讓我不太理解，昏睡不醒真讓人擔心。

最近發生一件有趣的事，馬拉松輕鬆課程結束後，你意猶未盡地邀請大家參加新竹萬人城市路跑，可把大家嚇壞了，沒想到你會自發性邀請大家繼續跑下去，真令我們振奮，縱使最後跑不成，這精神會讓我們懷念很久，這就是你——良善與熱情。

▌為自己漂亮演出

芬芳，說話大聲與個性率直是我對你的第一印象。有時候，直率像是一把利劍，傷了別人也傷了自己，但優點是別人不敢欺負你，這或許是你最為人所知的一面。然而，當你換上舞衣，翩翩起舞時，展現出的是不一樣的芬芳。從來沒看過你跳舞，很想

瞧瞧不一樣的你，舞蹈似乎是你明確的生涯目標，也正因如此，你與其他人不同，多了分確定與穩定感。

舞蹈這條路很辛苦，每天都要與自己身體拔河，小心別受傷了，身體好才能長長久久，希望有一天你能站上國際舞台上為自己漂亮演出，成為臺灣之光。現在天天都能看見你，也許有一天想要看你，得買票才能見到，得排隊才能拿到你的簽名，你會說我想太多，但誰知道呢？

▌願意敞開心胸表現自己

彤心，三不五時就會出現在我眼前，感覺中途班課程讓你變得開心了，願意敞開心胸表現自己，你的改變令人驚艷，絕對是本班楷模。以前的你，不想上體育課，現在的你，不缺席馬拉松訓練課程，這其中一定有許多的學習心得，想與你一同整理，然後站在台上跟大家說說你的改變，鐵定會感動很多人。

我們緣分不淺，姐姐我帶了 3 年，他的改變也讓我欣慰，接下來你同樣精采，希望剩下的時間，可以繼續驚奇下去，話變多就會越來越了解你，也能讓其他人了解你的想法，這樣會讓你越來越有自信，未來的路也能越走越穩健，姊姊如此，你更能青出於藍。

其實你比你想像的更勇敢

君君，當我寫到你，你一定很期待，因為上一週你問我什麼時候會寫到你，因為我很少會以作家自稱，那天你真的把我當作一位作家，跟我說《沉重的 15 歲》寫得很好，那天我很高興，我問你有什麼故事可以讓我寫呢？你說好像沒有。其實，我心中有很多關於觀察你的故事。

每天早晨，你都會默默地走進輔導處，關心著今天蔥油餅值班的情形，雖然這幾天大家值班情況不好，你也沒有抱怨，只是做著我交代你的工作——蔥油餅領班。每天早上與中午都要來帶領與記錄蔥油餅製作過程，將工作交付與你，是我非常放心的事情，負責任就是我對你的讚美。

每天中午，除了蔥油餅就是練琴，沒上烏克麗麗之前，我想你一定沒學過樂器，可是從你練琴的態度與執著，「認真」是我對你的另一個讚美。唱出來吧！你會蛻變成有魅力的歌手。感謝你今天傾聽我的抱怨，讓我有力量面對未來，應該是我傾聽你的聲音，怎麼倒過來了呢？有一天希望聽你說你的故事。上週成果展，你終於鼓起勇氣開口唱歌，我可以感受到你非常開心，但你總是掩飾住喜悅，不過還是被我發現，其實你比你想像中的更勇敢，很有能力挑戰困難，別擔心旁人眼光，有自信最美，本班因為你的奉獻變得很美麗。

選了一條不一樣的人生路

泰然，一位嗓門很大的姑娘，當我知道你是位舞者，想要考高中舞蹈班，心中不由得有種特別的緣分，我對舞蹈世界很熟悉，因為我兩個孩子都在學習，我非常了解一位舞者辛苦的過程，所以我也盼望你成為一位閃亮的舞者，成為臺灣之光，常聽老人家說，嗓門大的人最沒心，但是也容易得罪人，遭人誤解，你和其他人不同，選了一條不一樣的人生道路，哪天很想去舞蹈教室看你跳舞，一定會讓我驚艷，看見不一樣的泰然。

默默做些好事，為善不欲人知

遙遠，第一次看見你時，心中只出現兩個字──真帥，那時候你話不多──更帥。接下來，你一定會猜到我想寫什麼？接觸越頻繁越清楚，帥不能只看外表，這話意思就是要多多充實內在，將來有一天你會成為萬人迷。餃子事件後，我真的漸漸看見你的帥，被人拱出來後，你二話不說扛下所有錯誤，並且對此發表你個人懺悔省思與行動，雖然隔沒幾天破功，不過你還是依然坦白。聽見你的自白，連你的導師都很難相信如此成熟，他跟我說你以前不是這樣。你以前到底是哪樣，我不想追問，我只知道你用行動來證明你的改變，並挺著中途班。臭嘴這口頭禪常聽你說，不過希望有一天你能站上舞台，向大家說說說臭嘴故事。

那時，你這張價值連城的嘴，受到大家喜愛，加上你的烏克麗麗——想到就覺得帥。前幾天你帶賢賢回來，不計前嫌的你，總是默默地做些好事，為善不欲人知。有時間真要多聽聽你的故事、多了解你，因為你需要有人了解你的心中事。

▋有情有義的好孩子

啟鈞，我一直會盯著你，是因為中途班從未出現班對，這件事情不能多寫，未來變化莫測，到時回頭再看到這段會顯得感傷。從導師那漸漸了解你的故事，想必你也不太願意說，我會用專業保護你，讓你走出一片天。你總是低調認真的過生活，無聊的過著原班與學校生活。不同的表現差別真的很大，或許是中途班讓你找到了學習和發揮的空間，你不想和人瞎混，也想著幫忙做事，你是位有情義的好孩子，和遙遠的帥相比，你是性格帥。冒險課程傳回來的每張照片，都可以看出你的專心。成果展那天，看到你空手道擊破的瞬間，我深信不放棄就會成功，這讓大家對你刮目相看。

▋學業犧牲了其他的優秀

國治，在我眼中，他除了對學業完全提不起勁、翹課以外，怎麼看都是個優秀的學生。理解力、反應、待人接物，都是一位

國中生該有的樣子，有時更超越國中生。

　　有一次，我們聊到他離開體育班的原因。他說他犯錯時，新來的田徑教練從來不願意聽他的想法，也不願意和他多說些什麼，除了責罵、懲罰再也沒有更多的對談。所以，最後他選擇離開體育班。接著他繼續說，離開體育班的日子也沒有很好過，普通班的課業壓力比體育班大了許多。他說，在離開體育班後的一段時間裡，課業都還能維持，直到有一次，他忘記背英文單字，結果考了個零分，老師一氣之下，叫他一個單字罰抄一百遍，10 個共一千遍。

　　「這樣應該都背起來了吧。」我半開玩笑地說。想不到平常沉穩冷靜的他，突然有點激動地回我：「氣都氣死了，怎還會想去背起來？我抄了兩三天，之後再也不背英文了。」這番回應讓我心疼不已。

　　和這類學生在一起相處時，時常能從他們的過去照見自身的盲點，亦或是一種警惕。有時候，我們以為有效的教學或懲處，對學生非但沒有幫助，反而會讓學生逃出校園。「不教而殺謂之虐，不戒視成謂之暴」我想缺乏溝通的教育，也是如此。

　　從那天起，他就再也不讀英文了，其他本來還勉強維持住的科目也漸漸放掉，學習沒了成就，基本的也顧不來，於是就不來上學了。這樣的結果，必然不是老師一手造成的。國治是家中的老五，家裡一共 7 個孩子，父母的沉重壓力讓他選擇分擔家中經濟。我想再好的程度也因為打工，學習時間被切割，能夠應付

學校作業已經很棒了。他的家庭給予他的教養觀念,造就了這樣的結果。

畢業後的國治,走入軍中,選擇穩定能照顧家裡的工作。

阿德勒降落

不要一昧地指責孩子不成熟,也不要用一桿子打翻一條船的方式與孩子對話,因為這樣只會奪走孩子的勇氣,失去他克服困難的寶貴機會。

當我們指責時,往往會把情緒關注在自己身上,而非在孩子身上。這樣就無法忠實地反映孩子的狀態,幫助他們真正明白問題的所在。結果當然也就無法客觀地讓孩子思考出解決問題的方法,因為那只會是我們自己解決問題的方式。

陪伴 讓迷途孩子喜歡學習
的新思維課程

驅走孩子們的無助感

「學習」對於氣餒的孩子而言，往往充滿扭曲與挫折的感受，臺灣教育常常會讓孩子們誤解學習的真正意義，因為知識的傳遞者──教師，不自覺地營造一股競爭氛圍，使學習變得單一且缺乏多元性，唯一目標就是通過測驗與好成績，為了要更精熟再加碼重覆動作，練就出一批考試大軍，不信奉者可能落入無止境的挫折感而無法自拔。

學習真是如此嗎？考試是人生學習中的一小部分，但是在現行教育中我們將其放大數千倍，甚至無限上綱，這樣的結果當然窄化學習真諦，還會阻礙學習者的求知廣度。在這樣的氛圍中，對孩子的好奇心是極不友善的。班上第一名永遠只有一個，優不優秀永遠與成績排名糾纏不清，更何況是學習成就低落的孩子，學習的無助感充斥在整個校園中，這讓孩子們難以找到自信與動力。

▎德寬的故事：孩子有情，需要有人帶著他學習

劉遵恕，記於 2018 年

德寬這個月來行為表現令大家失望。我們遇到的難題是，他無法與其他人一起上課，因為個性粗暴，動不動就玩弄他人，遇到不喜歡的事就意興闌珊，不聽老師指導。他曾跟我說：「沒辦

法！我就是懶。」同學們漸漸遠離他，對他敢怒不敢言，因為他的塊頭與兇勁，讓人不敢領教。開會時，我們花了些時間做討論，如果把德寬交還給導師管理，導師一定會吃不消。吃不消也是我們面臨到的問題之一。我想，讓他待在體育班裡，雖然沒有接受正式訓練，但在耳濡目染團體紀律與合作的情況下，他應該能明白些道理。他曾經和學校主任穩定相處一段時間，只不過後來主任離開，他的行為變得越來越乖張。賭一賭吧！我猜這孩子有情，需要有人帶著他，雖然花時間去引導其他孩子可能更有效、更有成果，但，我們還是放不下德寬，想著再多給他一些時間和機會。

專輔老師從諮商室帶來了好消息。晤談中，孩子知道自己最近脫序的行為，但他沒想到，老師們並沒有放棄他，還願意繼續幫他幫到底，他說：「之前老師曾對我說過同樣的話，不過我一而三再而三的犯錯，我以為這次可能真的沒救了，但沒想到……」

不知道有沒有人還會愛我

很多孩子都會拿行為來測試大人態度，一個轉念，我們又和德寬繼續走在學習之路上，這兩天他表現很棒！工作時聊起他的戀愛史，從中教他如何擁有優質人際關係，他說會慢慢地學習改進。想想自己當初要不要更接近他的念頭，及在與他交流的過程中，自己常常陷入解決問題的迷與悟，也因為關係的時濃時淡讓

陪伴 讓迷途孩子喜歡學習的新思維課程

我感到不耐，我急著想要前進一步，但他選擇與我保持距離。明明我用心付出，得不到如實回饋，「我給的不是他想要的吧！？」隨著自我覺察越多，以前膠著的時間很久，現在變得短多了，因為他的進步，我心中的教育信念越來越堅定。

2013年帶領「起司班」孩子前往師大，挑戰第8屆亞洲體驗教育年會，以「31位國中生實踐真正12年國教」為題，創下年會發表者年紀最小紀錄。隨著孩子畢業，2014年邀請起司孩子友情贊助，在劍潭青年活動中心以「翻轉教育」為題再度開講。2015年7月我選擇獨走，「起司孩子」長大了，我也轉戰跑道──資源式中途班，照顧更需要關懷的孩子，比起「起司班」，現在邁入更深層的修行。

用服務他人撫平心中缺角的愛

2019年11月23日，星期六，晴天。一早我、力偉老師和孩子們，第一次加入校外合作，參與愛無限音樂園遊會，代表三峽國中設峽客蔥油餅與峽中好彩頭攤位（詳見本書「中途班教育課程實錄──技藝類課程」章節）。將一張滿滿愛的蔥油餅送到客人手中，孩

子第一次嚐到做生意的辛苦，從早上9點鐘站到下午2點，沒聽見孩子說累，因為忙得沒時間喊累。150張餅全數銷售一空，將2000元善款捐給主辦單位，這些需要人幫助的孩子，卻靠自己的雙手成為助人者，這就是近年來三峽國中中途班教育精神──「服務學習模式」，先服務他人，過程中孩子缺什麼，回過頭來用愛與教育補上。所以孩子們天天都很忙碌，因為天天都在服務他人中撫平心中缺角的愛，這和當年「起司孩子」非常不同。「起司孩子」大多在愛無虞的環境中成長，所以學得快、做得準確，中途班的孩子需要加倍耐心與陪伴。

帶領中途班很辛苦，但很有希望！

當天下午，帶著孩子們收拾今日攤位後，和德寬說老師晚上帶你去見世面，讓你在台上說說感想。生性臭屁的他難得謙虛，但抵不過力偉老師和我的激將與鼓勵，沒想到竟答應我們的邀請，挑戰14屆亞洲體驗教育年會。老天巧妙安排，讓我又回到

2013 年「起司孩子」發表的同一場地──國立臺灣師範大學公館校區，同樣是帶著孩子發表，卻是兩樣情。

相隔 6 年，我們回來了。德寬很有勇氣地上台，讓我備感窩心，他說老師教會我一件事情，就是先尊重自己，才會得到別人的尊重。

了解德寬故事的老師，不難理解他為什麼會說出這句話。最後，他說要跟緊我和力偉老師學習。在旁的我──很感動，不枉帶他來這裡。站上台說話，對他們來說十分不容易，還能準確說出想法，毫不遜於當年「起司班」的孩子。對我和力偉老師來說，注入對未來堅持「服務學習」的理念更具信心，你說帶領中途班辛不辛苦──很辛苦，但很有希望！

▌阿宏師的故事：期待教會自律

徐力偉，記於 2018 年

從 106 學年度開學的 3 個月內，我們已經做了超過百片的蔥油餅。直到 11 月中，我們才開始販售。無論是洗車或是做餅，我想讓上這些課程的學生，感受到自己專注的

精神，從中培養一絲不苟的態度。「你可以做很慢，但你不能隨便做。」10分鐘桿一片餅也好、三節課只洗一輛車也好，只要按部就班地把事做好，就很好。

照片裡的蔥，是學生親手種下的。今天我在群組發了這張照片，並和他們說：「你們種的蔥已經長大了！」而我沒繼續說的是──「那你們呢？」

阿宏師是我很不放心的學生，因為他很調皮搗蛋、很愛玩、也很喜歡佔人嘴上的便宜，有一次做蔥油餅時，他故意做成韭菜盒的樣子，或許是因為在上課，這一點點小事，卻也讓我感到疲憊與失望，當下唸了他幾句。他收起笑容，板起臉孔重新將這張餅做好。

希望他們像自己種的蔥一樣，每天成長一點。

11月的某天，阿宏師主動說要做蔥油餅，並信誓旦旦地說會認真做餅，廚房也會打掃乾淨。

結果，他說到做到。

當天的蔥油餅讓處室老師讚不絕口，誤以為是我們另一位高手學生做的。

從那一刻起，我相信他也是可以託付事情的人。雖然依舊調皮、依舊口齒伶俐、依舊會讓我無言以對，但我知道，他變了，漸漸成熟了、懂事了。

每當學生種下他們的蔥時，多半就拋到腦後了，但我總會時不時地去看看，看看它們長大了沒，心裡卻希望他們和蔥一樣，

每天成長一點。

帶中途生最困難的地方是要教會他們自律，而自律的前提是教會他們規矩。這部份是我們最不容易使上力的，因為，他們容易不守規矩，更容易直接逃避不守規矩的責任。

▌美麗的發現——貼心的小炫

徐力偉，記於 2018 年

犧牲自己喜好來成就他人

中途班教育課程大多在會考後就跟著結束，我們會尊重學生意願，自行決定是否還要繼續學習。如果有學生想上課，我們就開課，沒有的話就各自回班上課。這天，導師時間，我向學生告知了這件事。大家聽聞後，都慎重地思索著這畢業前的安排。以往學生都會根據自己的喜好，決定自己的課程，但今天很不一樣。

有一位學生突然問：「老師，如果我們沒選這堂課，學弟妹將來會不會也上不到，這堂課的老師會不會就不能來教學弟妹們了？」這位同學叫小炫，他擔心他們的決定會影響學弟妹與老師的權利。

我當下是震驚的，因為帶了中途班 3 年，第一次聽到這樣的提問。或許是其他同學直覺地認為，自己的決定不會影響到新學年，所以沒有這層擔憂。而小炫卻想到了，這樣的發問讓我覺得：小炫或許會犧牲自己的喜好來成就其他人。震驚過後我感到

暖心，只可惜我的溫度總是來的慢，直到寫這篇文章時才意識到，當下應該要稱許小炫對他人的關心。所以當時我只是打趣地向小炫說：「放心放心，你們的選擇不會影響到新學年的老師和同學。」

自己一路的成長經驗是戲謔多於鼓勵，所以總在暖意還在醞釀時，銳利的語言已經出鞘。

▌了解尊重──臉臭的怡婕

徐力偉，記於 2018 年

人善被人欺，馬善被人騎，當老師在面對這些孩子時也是如此。但我們不是要放大學生的「惡」，而是要讓學生知道，老師也是人，人與人之間的互動需要彼此尊重。

學生來學校除了學習課業，更要懂得去調整自己並適應環境，學著和不同的人相處。只是這類孩子因為家庭或社會的因素過於緊張衝突，以至於在待人接物上缺乏彈性，因此往往都是用自己最熟悉的方式和人互動，不太懂得在不同的場所呈現適當的表現。再加上發生事件時，他們多是以憤怒、委屈、埋怨的情緒來面對，我們不難發現他們多數時候並不太會反省自己，更嚴重的是如果真的是被誤會，他們的應對方式是很直接且不理性的，只會引起更多的衝突。

情緒控管與表達能力的薄弱，造成了他們未來的劣勢

因此如何恰當呈現自己的情緒或是內心的想法，對這些孩子而言是很重要的事情，有助於他們遇到貴人時、找到好工作時，能有更長的緣分。情緒控管與表達能力的薄弱，注定造成他們未來的劣勢。

這些情緒的呈現在行為上就是抗拒或是逃避。怡婕一遇到不如意時，時常就臉臭或是轉頭就走，無論這件事有沒有講完。這天，怡婕跑來輔導處和我抱怨地說：「老師，能不能把某某某退課[17]，他上課都在亂、沒在上課就算了，講話還很大聲、很吵。如果不能退他課，能不能我退出？」我開始和她說明：「我需要先詢問任課老師們的觀察，以及約談那位你說很吵的學生，如果他們真的像你說的一樣，我會先勸導他們，不會直接退他們課，現在我也不會讓你退課。」

聽完我說的話，她的臉瞬間垮下來，轉頭就走，還順帶說了一句：「不退就不退，講一堆。」雖然這樣的互動已經是我的生活日常（我告訴自己不可以習慣，因為當我習慣這樣，就意味著我再也不想要把他們帶往更好的自我狀態。）可是我也沒法每次都心平氣和地去面對。她手插著口袋，邁著大大步伐往教室走

註 17. 三峽國中中途教育班孩子，如果在課堂中不守秩序，干擾上課，我們會請任課老師、責輔教師、輔導組長、中介班導師進行評估，針對原因了解。如果是孩子沒有意願繼續課程，我們會輔導退選此課程。同理加選課程也是如此操作，不過加選課程有另外條件是上課態度認真，學習動機強烈等。

去，我跟著她大約一間教室長的距離，對她的背影喊道：「怡婕、怡婕」她仍舊頭也不回地繼續往前走，此時我用嚴肅的口氣叫她的名字，她有點被嚇到地楞在原地，但仍舊沒有回頭。此時我對她說：「你覺得我們的對話結束了嗎？當你有問題跑來找老師討論，不是你想要的結果就用這種態度對我，這樣的態度我沒有辦法接受，請你跟我來辦公室！」接著她一臉不屑地跟著我走進辦公室。

我直接問她：「你今天來找我討論問題，過程中我有對你不禮貌，不客氣嗎？」她扭著頭看向別處，小聲說了：「沒有。」我再問她：「發生了什麼事情，以至於讓你不高興？」她依舊看向別處，小聲說了：「沒有。」我又再問她：「你今天遇到什麼麻煩了嗎？」她那不屑的表情終於稍稍轉變，一樣小聲地說了：「沒有。」

平日我和她的互動很好，下課她常常晃到我旁邊，看我在做什麼？或是有一句沒一句地和我瞎聊。今天她這樣的狀況，我也不是第一次見到了，先前總是覺得時機不對（無論和她關係的建立或是對她們家的熟悉度），所以就當作沒事地讓她離開。

「那可不可以告訴我，怎麼了？」我用和緩的語氣對她說。

「我不知道，我不知道我為什麼會這樣。」她揉著眼眶低著頭說。她似乎意識到，她把不滿的情緒發洩到無關的人身上。

我回顧了她找我討論問題的過程，也說出了我平常觀察到她的景象，我在敘述過程是非常輕鬆地，彷彿她只是個旁觀者，再

聽別人的故事。

　　她終於漸漸抬起頭看著我，回到了我們日常有說有笑的互動。

　　「當我們反映一些事情，沒有馬上得到自己想要的結果，可能會有些不開心，這是正常的。所以我們或許會失望、沮喪地離開，完全沒有關係。但如果用隨便或是傲慢的態度，對於接收的人，你覺得會不會非常不公平，妳會不會生氣？就像妳當衛生股長，有人跟你說誰誰誰都沒來打掃，妳回說妳要去確認一下狀況，結果對方就直接轉頭走調，還落下一句：『不想管就不想管，還講一堆。』妳會不會很委屈，很不開心？」我說。

　　「我會想扁死他吧！」她笑笑地說。

　　「我是不會想扁死妳啦，但我不舒服是真的。」

　　「老師對不起啦，我知道剛剛是我不對。」

　　聊了一段時間，我給了孩子回饋「怡婕，老師很擔心你用這樣的態度，別人會不懂你，反而你會更委屈。」我講完這句，她撐著下巴低著頭大概 5 秒鐘，若有所思的說吐了聲「喔⋯⋯我好像懂了。」

　　在哈拉一會兒後，我認真地和她繼續討論今天她的問題。「關於退課，就算你今天說的是對的，我也不可能只聽你說，我還是要聽老師說，聽那位學生自己說。然後我也要給那位學生機會，不會這樣就退他課。如果真的要退課，也不會是退你，一定是退他。」

「老師，不用去問了，沒關係。我應該可以繼續上課了。」她似乎意識到什麼。

之後，她情緒起伏異常的狀況，再也沒發生在我的身上。但有時還是會對別的老師或是同學發作一下。或許我對她而言是一種具象的警覺，只是這個警覺如果真的內化到她心中，可能還要很長一段時間。

（後記：後來，我去問了任課老師，老師說那個學生講話確實很大聲，但他都有在上課。反而是怡婕常常放空或是說身體不舒服坐在旁邊休息，就會抱怨那個同學很吵。怡婕需要老師協助整理內心紛亂的思緒，但好家在，中途班有很多的老師，很多時間能學習。在畢業前，至少有機會讓這些負面情緒被了解與包容。）

與傲慢的學生靠近

徐力偉，記於 2018 年

學生都很喜歡模仿霍金博士，但卻從來不正視霍金博士的內在。

這次的假霍金事件發生在輔導處。一進到諮商室，學生像個爛泥似的坐臥在大大的木椅上，木椅有鬆軟的坐墊與靠背，涼爽舒適的氣溫由冷氣控制著，學生臉上的表情彷彿是已經當了 10 幾年的皇帝，那樣的高傲、冷漠與不屑。手撐著日理萬機的頭，

斜眼看著遵恕老師。遵恕老師則是雙腿併攏，雙手放在大腿上，開始了這次的談話。這是個很值得玩味的畫面。

對未來不確定

遵恕老師了解該生的現況以及簡明扼要地向孩子說明繼續中輟的後果。該生一臉無所謂地說：「我又不怕中輟，警察來我家也沒差，真的進少觀所也不會怎樣，了不起就死一死。」遵恕老師毫不動怒地繼續進一步說明，警察找上門的麻煩、進少觀所後會面臨到的種種問題，學生依然故我的聽遵恕老師「上奏」。

最後，遵恕老師質問了一句：「這是你想要的生活嗎？」該生的口氣這次沒有了果決，反而是一種對未來不確定的回應：「不知道。」遵恕老師仍然直視著該生，而該生的眼睛卻開始飄移不定，遵恕老師說：「還好你不知道。」

迷茫取代了先前的傲慢

過了一會兒，遵恕老師語重心長地又問了一次：「你想要知道怎麼過好生活嗎？」該生沉默不語，迷茫取代了先前的傲慢臉色。

之後，便是真心的交流。當然這裡的真心是一種比較值，但至少學生卸下了戒心，放下了敵對的念頭，彼此的溝通與承諾會更為真實。

將老師的身分看得太重，因而失去教育學生的機會

與學生談一些約定，我想一般老師都不會有太大的問題。但遵恕老師的優勢是讓學生卸下心防，以協助的立場與心態去面對學生，老師的身分反倒是第二位。而我們有時身為老師，會將老師的身分看得太重，因而失去了教育學生的機會。

在旁一同參與的我，其實在此之前一直都沒機會說話，因為我關注在該生的態度、坐姿與言行，我知道這些問題不是一時半刻能解決的，這些關注也對這位學生現階段毫無幫助，我或許能出一口氣，但也或許是將這位學生更往懸崖邊推一把。

聽遵恕老師晤談，是一面鏡子，我總是能從他與學生的互動中，覺察到自己的缺失。

▌燕子的躁動

徐力偉，記於 2018 年

這天，從未主動和我討論學生狀況的「防爆專家」氣球課美麗老師，難得說出了燕子的情況。老師說：「像是我現在教的這個步驟，他沒在聽，接下來開始做時，他又說不會，說我沒教。然後開始和我爭辯頂嘴。剛剛還在吼叫、搗蛋，講了也不聽。」老師面容哀愁地說：「我和燕子說，你如果不想學，可以不要來。老師我也可以不用來上課。但我不知道他有沒有聽懂？這陣子要支援學務處活動佈置做氣球，這樣下去我們的進度會趕不上。」

接著我們問燕子，剛剛有沒有發生那些狀況，他說：「有。」然後一如既往地我們開啟了勸說模式：「這裡是學習的地方，不是玩的地方。之後還要支援學務處的活動，你有沒有心要做？」

燕子竟果斷地搖了頭說：「我不想。」

我強壓著不悅，繼續說：「如果沒心要支援學務處的活動，你下次上課就回班沒關係，不要消費老師的用心。」

他冷靜地點了頭，然後一副事不關己的說：「我可以走了嗎？」

我們也不再多和他說些什麼，讓他放學回家。

過一兩天，我即將擬定新的課表，連同燕子的氣球課也會一起取消。但我知道燕子很不能適應班上的學習，所以又找了時間問了他一遍：「你上次是不是和我說，你不想支援學務處活動？」

他點頭說：「是！」

「所以你要回班上課囉？」

他急忙地問說：「不是還有別的課，可以選嗎？」

「誰說的？」

他似乎恍然大悟般：「喔！所以沒有其他課可以選？所以要回班？」

「當然囉！」

然後劇情180度大反轉，他又果斷地說：「那我要上課！」

「好，那你下次上氣球課時不要再搗亂，認真上課。你已經上了快一年，可以用心點嗎？」

他點了點頭。

等到下次氣球課結束後，氣球老師再一次特別跑來找我說燕子上課時的狀況。

「今天上課他還是在搗亂，發出怪聲，然後也不用心聽步驟。我請他到旁邊站，他還不服氣，在那邊玩美工刀和長棍。我很擔心他和其他學生的安全，他在那來來回回地推美工刀，發出『答答答』的聲音。接下來又在那邊玩棍子，揮來揮去我很怕飛出來打到同學，講他太超過又怕激到他。」

我不斷地安撫老師，並允諾明天會去約談燕子。

老師說：「只要想學，我都願意教，但他這樣真的是在浪費大家的時間。下次上課，如果是一對一，我搞不好不會來了。」

情緒來自孩子「應該」要遵守規定

隔天，我和燕子又再度上演拉鋸戰……，孩子們常常和我們遊戲人間。這份工作中，我常常認為孩子「應該」要遵守規定，因而他們會有情緒的產生，老師們都好言相勸了，孩子怎麼還是一再犯規？面對這樣的問題，我都會和遵恕老師分享與討論，得到的結果都讓我知道還要努力。遵恕老師聽聞後提醒我，燕子是不是因為不懂得如何做才會有此行為，因為造型氣球需要一點藝術腦，這階段真的需要很仔細地學習才能跟得上。老師應該有時間壓力，不然不會這麼要求，如果是因為這樣，燕子肯定會感到無趣。我想可以和燕子溝通學務處活動期間，請他先回班或是

幫忙輔導處其他可勝任的工作，等到活動結束後再回來上課。結果，隔天與燕子溝通後，他欣然同意，這煩惱也暫時落幕。了解與勸說是很不一樣的心態，自己受到孩子們表現的影響，產生了不耐煩的情緒，很容易用勸說方式溝通，但也容易錯失真正原因而誤判。這又讓我學習到輔導知能，覺察自己情緒，多讓孩子說說想說的內容，哪怕是解釋和理由都要耐心聽下去，這會讓孩子感受到——你想了解他。

沒有被命運擊倒的孩子

▌沉重的 15 歲

劉遵恕，記於 2016 年

105 年 12 月 5 日，星期天上午，中途班孩子正在享受路跑成就與快樂，賢賢父親昏倒送醫，人群中我一眼看出賢賢震驚的表情，呆呆地聽著手機另一端傳來的噩耗。怎麼了賢賢？他用微微顫抖的聲音回答：「爸爸昏倒送醫，好像腦溢血。」回到學校後趕緊收拾行李，賢賢快步走向醫院，釐清狀況後回電，醫生說必須轉院長庚，開刀止血，我想簡單文字無法形容孩子的無助，我想當時賢賢一定六神無主，只能哭泣。

孩子經歷一齣糾結心理劇

後來聽孩子說，賢賢很在乎爸爸，賢爸對待孩子與孩子的朋友都很好，受到大家的尊重。第一時間孩子不斷地與賢賢聯繫，並給予同理、關懷與加油打氣，一時各方的關懷都到來，成為無助中最好的安慰。我想這兩天看護期間，賢賢經歷了一齣糾結的心理劇，帶向往事、現實與未來，對一位 15 歲的孩子來說顯得格外地沉重。沒想到受苦受難肉身菩薩──賢爸，讓賢賢一夕間成熟蛻變。兩天前，父親才來學校處理賢賢闖禍事件。隔天，又因一顆檳榔差點要和我翻臉，我還在思考如何處理這青春期的暴

衝，調整長期應戰心態，用時間慢慢引導賢賢走向正途。沒想到老天要讓賢爸用痛苦喚回迷途羔羊，這劇本來得快、來得絕，措手不急地讓人惋惜，賢賢心中定怒吼著──這是一部世紀大爛片。

導師的深情關懷，同學的加油打氣

意外總是在大家沒想到時發生。聽說在看護的過程中，親人和賢賢談了不少，這個事件讓他安靜下來。接下來，我們看到的是驚奇表現，首先從賢賢和導師的對話中開啟。

導師：學校老師、同學們都很關心你，也很關切你爸爸的狀況，老師曾經有過類似的經驗，所以很能理解你的擔心與不安，很心疼你所經歷的一切。我們無法決定父母陪伴時間的長短，但能做的就是儘量別讓他們擔心，珍惜相處的每一天。感謝醫生將爸爸從鬼門關救回來，接下來的復原才是最大的考驗，以前是爸爸照顧你，現在換你要照顧爸爸，加油！

賢賢：我明白，不經一事，不長一智。我會乖一點，抱歉，我一直都是老師眼中的頭痛人物，謝謝老師一直這麼照顧我。

就在此時，賢賢也與高關孩子們對話，之後的結果帶動大家反省思考各種關係。

賢賢：原來班導這麼關心我。

泰瑞：本來就是，她人其實很好哇！只是平常不容易向你表

達。

均均：大家都很關心你。

賢賢：唉！真對不起她，我一直活在自己的世界裡。（看到這裡，我心中一陣酸楚，真令人感動。）

均均：沒事的，賢。

泰瑞：改變給她看。

賢賢：唉！對她真抱歉。仔細想想班導其實很用心，但我以前都嫌她煩，所以都沒有體會她的感受，我真的做錯很多事。

均均：能夠體悟就很棒了。

導師這時繼續關懷：我一直相信你是有能力的人，只要你願意，有決心，沒有什麼事情能難得倒你。

賢賢：謝謝老師肯定，抱歉！一直讓你擔心。

導師：老師們都願意等待。

賢賢：謝謝老師。

導師：別急於改變，時間慢慢會證明一切。

賢賢：抱歉，我以前太任性，沒尊重你，你說的話我都沒乖乖聽，一直活在自己的世界裡，我錯了！

賢賢向導師袒露自己，真是勇敢。賢賢，我欣賞你，想要擁抱你，給你秀秀，老師愛你。隨後賢賢拿此對話給其他孩子看，寫了一句──真的很不像我，對吧！

導師：你才10幾歲，人生路還很漫長，你現在能領悟，真

棒！把大家對你的叮嚀放心上，慢慢調整，將會是全新的賢賢。

賢賢：謝謝老師這些時間給我的肯定與鼓勵，未來我不會辜負老師對我的期望。

導師：期待你的成長與蛻變。

賢賢：謝謝老師，我不會再像以前那樣了。

　　隨後，賢賢回到孩子群組，勸好友明明要乖乖上學，明明也答應與賢賢一起改變，今夜心光真燦爛，感恩賢爸，祝福你早日康復，放心吧！孩子長大了，您也辛苦了！

賢賢語錄：

（1）俗話說：樹欲靜而風不止，子欲養而親不待！（在 FB 中他告訴我）

（2）唉！真對不起她，一直活在自己世界裡。

（3）不經一事，不長一智。

（4）放心啦！我以後不會參加幫派聚會或是公祭陣頭、械鬥之類的事情。（在 FB 中他告訴我）

蘋果妹妹的成功

徐力偉，記於 2020 年

　　蘋果妹妹在學校也是喪失了學習的動力，在教室多半是睡眠

6 發掘孩子們生命中的珍珠

陪著她過完一天。上學期中，蘋果妹妹毛遂自薦地想加入中途班，無論是何時進來的學生，我都依照轉介流程進行，一方面是確認她們的意願，一方面是表達我們的立場。

來到中途班是重新認識學習的開始

帶中途班已經是第 3 年，每一年我都和入班的學生說：「來到這裡，不是玩的開始，是重新認識學習的開始。這裡不是遊樂場，不要誤以為來這裡可以隨心所欲的放縱。我希望你們來這裡可以學到更多的東西，不要虛度自己的光陰，所以我在這裡，而你也在這裡。」

我話說得很直接，深怕學生抱著單純玩樂的心態來到這個班，我也是對蘋果妹妹這樣說。自從蘋果妹妹來到這個班，上課態度出乎意料的認真，中途班聯絡簿也寫許多關於進到這個班之後的開心與成長。

蘋果妹妹雖然在原班教室總是昏昏欲睡，但來中途班學習與

做事，卻是很有自己的原則和想法，除了判若兩人，我想不到更好的形容詞。這學期，某次她去分送蔥油餅，老師問了句：「能不能加做個古早味蛋糕什麼的，蔥油餅對我們年長的人來說有點油。」目前的課程規劃與時間，實在無力再聘請老師授課。

我問了她想不想做古早味蛋糕，她說想。

我說，你今天回家去網路看教學影片，寫好食材給我，明天來做。

肯做事的人才容易被看見

想不到隔天，她就帶著食材列表來找我，我驚訝了幾秒，就開始去幫她找食材。當天下午，熱騰騰的古早味蛋糕出爐。從頭到尾，她一個人完成，帶著蛋糕去找到了當初那位叫她做蛋糕的老師。過程中，我只是在旁邊給些口頭上的意見。

學生帶久了，我也很快猜出孩子的特質。有些人就是玩鬧心態多，有些人沒有老師在旁邊緊盯著就是做不了事，而有些人就是能安份地把事情做好。有時學生說我不公平，怎麼總是特定叫某些同學來幫忙，我說他能一個人靜靜地做好這些事，你連老師在旁邊都會鬧了，我怎麼可能

還請你來幫忙？社會不就是這樣子？肯做事的人才容易被看見。

現在，古早味蛋糕已然是老師眼中的熱愛，我很喜歡這樣的感覺，這大概是我帶這個班最想看到的情況。我們盡力搭建學生們喜歡的舞台，碰到了兩情相悅的就是一個緣字，蘋果妹妹就是。碰到要半哄半推才要上台的，也無所謂，適當的壓力是成長的動力，這是大部分中途班同學的情況，也是他們最需要的。而有一部分是喜歡拆台的，這就要長時間的磨合了。

希望孩子用真情與我們相處

看著蘋果妹妹能做蛋糕，冠哥也想做。但自從上學期初，蜜月期過後，冠哥的原貌就漸漸展露。漸漸展露是好事，因為他秀出真性情，我們才有教育他的方向，如果有些孩子一直假裝到畢業，也未必是件好事。

需要加油的冠哥

徐力偉，記於 2020 年

不論冠哥表現如何？還是得陪他走一段路，看看風景。

我們盡力和某些狀況較多的同學，進行多次晤談和溝通。身為一位老師，我付出了最大的善意，最後他吸光了我的關愛，卻仍毫無長進，期末時，我無力、無奈又失望。然後呢？然後他就畢業了。

陪伴 讓迷途孩子喜歡學習
的新思維課程

今年，遵恕老師與我陪伴的這位冠哥，也面臨類似的情況，從上學期教到現在，給了多少包容與關心，每次都具體的、理性地告訴他、勸誡他，結果還是繼續做亂，總是學不到經驗。

我想今天最讓人心寒的是：秋去春來，他想到的仍是自己。

還是要再次提及阿德勒說的，滿腦子只想著自己，無法得到幸福！

一句「好啊！我不來學校了！」、一句「騙肖耶，怎麼可能！」、一句「我幹嘛做這些事，我又用不到。」他沒想到，這是他的人生，我們即便托著他的人生，托到手已經脫臼了，都還在撐著；他沒想到，他曾經讓多少人失望，而老師對他的允諾，換來他一句：騙肖耶；他更沒想到的是，老師為他規劃了一堆事，不是因為吃飽太閒沒事幹，是期待他更好，而他的更好，我們也用不到。

忘記孩子負面行為，相信明天會更好

身為一位老師，我想該做的還是得做。我今天對遵恕老師說：「牛牽到北京還是牛。」雖然結果如此，也是帶他走了一段路、看見了一些風景。只是心中有多少的失望落寞，也是如人飲水，冷暖自知。

佛度有緣人，我想是我這 3 年的心境總結。遵恕老師和我都有同樣的特質，就是「忘」的工夫很強，因為忘，我們總相信學生明天能更好；因為忘，我們的傷痕能消逝得比較快。

想想這屆有緣人也真多，不只蘋果妹妹一個，某些學生也都找到了自己的舞台與方向，知道自己能做更多的事。

阿德勒說過，人多半時間能表現出正確行為，但我們往往視為理所當然，而忽視掉了這些行為，卻著眼在少數的負面行為。所以，當我們看到表現好的孩子時，將會發現，表現差強人意的孩子是少數。

▎學生教會老師

劉遵恕，記於 2018 年

學習主人還是孩子，答案永遠在他們身上

每每有人知道我從事教職時，都會問上一句：現在國中生很難教喔？當下我不願多回答，因為提問者想知道的答案已經在問句中揭曉。我心中十分清楚，帶領青少年探索自己，絕非只是我的責任，學習的主人還是孩子，答案永遠在他們身上。

換句話說，一位擔起所有責任的老師，在 21 世紀的教育路上，所面對的是無情挫折與打擊。老師沒有做錯，只是錯估情勢。過去社會因為資訊不發達，教室是獲取知識的重要場所，所以老師扮演著為師為父母亦為友的角色，有空看看「梁山伯與祝英台」中師生互動就明白，現在情勢大大不同，資訊取得太容易了，有時連老師都不懂得如何運用，如果還用過去包山包海的教育方式，那麼孩子眼中的你，將會是一位自以為是的教師。

只要大家願意付出關懷，都是孩子的貴人

教育現場師生的互動，常常是老師站在台上，教授著學問與知識，但以我的角度觀察，並非如此，學生低著頭看手機、大刺刺補眠、交頭接耳說話、眉目傳訊號、看著自己想看的書、為解悶問著無聊問題、呆滯放空的眼神……，老師們看不出來孩子已經停止學習了嗎？如果誇張一點，演出一場衝突戲碼，無情地向老師直接表達抗議，老師的心情一定會受到不小的衝擊。然而，以上的例子都可以透過良好的師生關係，以及讓孩子承擔學習的責任來解決。學生的反應在教老師一件事──請改變教學方式，讓我真正了解學習的意義。

行為違常的孩子接受處罰似乎理所當然，但如果花一些時間了解，將會發現原因與故事，孩子教會我耐心與傾聽。我想學校中任何一位老師都會有時間聽孩子說故事，關鍵在於是否願意而已。如果不願意聽，只要找到適合的資源，請其他願意的人接手傾聽。過程中，無論是老師還是孩子，只要彼此尊重即可，一樣可以達成關懷與解決問題的目標。即使聽孩子故事的不是你，也不會因此讓你和孩子的關係變糟，只要大家付出關懷，都是孩子的貴人。

今天與孩子相處，孩子透過這體驗能學習到什麼？

「孩子如何教會老師？」這是個有趣的想法，孩子哪敢教老師？這疑問句的意思，其實是指老師的自我覺察。那些具有高度

6 發掘孩子們生命中的珍珠

自我覺察的老師，天天可以在師生互動中不斷地學習新方法，發現到有效的溝通方式，這樣會讓老師自己越來越柔軟，孩子也可以無顧慮地主動靠近。如果你只想以高高在上的姿態，用權威、高壓的方式對待孩子，那麼你將永遠無法發現孩子們內心真正的想法與感受。只有表面臣服，你將找不到和孩子無法親近的原因，衝突會讓你天天處於高壓力中，越來越緊張，無法放鬆。而孩子也會以其道還至於其人之身，最後反過來迫害你，導致無法建立良好的師生關係。

　　阿德勒說過，如果老師常常問自己，今天與孩子相處，孩子透過這體驗能學習到什麼？這樣的反思會讓我們擁有解決問題的力量。絕不是請你對學生說：你教會我什麼？「孩子如何教會老師」，是一種思考過程。當我們看到師生互動中愈來愈多的正向能量流動時，老師一定會領悟到了解孩子的重要性。接下來，我舉幾位學生的例子，請大家想想：師生關係中，會發生哪些互動內容呢？

設法將好表現的時間與頻率增加且拉長

　　例1：佑哥，阿美族少年，活力十足的孩子，常愛碎碎念，如果他當老師，學生一定很怕他，會和他說：我會乖乖，請別在碎唸了好嗎？天生諧星，一開口就會讓同學想笑，尤其是學弟阿彥，兩人在一起，就會聽見學弟狂笑不已，但其他人就沒這本事。工作起來的佑哥，總令我讚嘆，因為他的那份專注力，每每都能

221

打破我對他的負面印象。孩子找到了展現自我的機會,老師也運用了對的方式教導,這一切彷彿天使就在我們面前。所以接下來的重責大任,就是要設法將如天使般的表現時間與頻率增加且拉長,但在過程中我們一定要有十足的耐心。

認真與專注的佑哥

在整理他的照片時,我赫然發現佑哥專注工作的影像很多,這讓我更加篤定這是他學習來的能力。如果從國一就發現並讚美這份才能,學校一定是他最喜歡的地方。天真、率直,時而靦腆,是我對他生命風格的形容,在眾人目光前亦或是鏡頭前,都會看到這可愛的臉孔。在這一年中,

佑哥認真的工作神情。

他的作品數都數不清,認份的他,油漆弄髒了衣褲,總是笑笑地說:「本來就會沾到,沒關係!」其實,長時間以來,衣褲累積下來已經不是幾滴油漆了,他的辛勤付出讓校園變得更美麗,而這份執著,並不是每一個人都能做得到。畢業了!佑哥,我想你不會選擇升學,如果就業,認真與專注就是你最好的特質,記得要回來看看你的作品。

今天一早進辦公室,請輔導組長印製感謝狀,給校園裝置藝

術有功的孩子，這是由處室會議決議，大家一致同意結果，這幾位孩子表現真的很棒，要不是他們肯吃苦，堅持做好事，就不會有今日美麗的校園，所以我特別再介紹一次，因為他們是校園藝術家。

隨遇而安特質的敏敏

例2：敏敏，說到這姑娘真不是蓋的，她是油漆高手，這女孩子家認為刷油漆很有趣，真是特別的女孩。她專注度很高，一節課時間，西沙西沙可以刷上兩張桌子。她剛回來學校時，待在輔導處就很能做事，現在已經順利回班級上課，每天第四節與第七節都會來幫忙。其實，我很期待她來幫忙的時候，因為和她一起工作很快樂，她總是笑嘻嘻地與我聊天，很少抱怨，即使一個人工作，也總是安靜地完成每項任務。她很有自己的想法，尤其在做黑白系列作品時，她希望能將黑白顏色放在同一張桌子上。油漆沾在手上、衣服或褲子也毫不在乎，總是說用松香水洗掉就好。你說她大剌剌也不是，應該是隨遇而安。這樣年紀形容隨遇而安有點老態，但如果你了解她的故事，你就發現這形容還蠻貼切的。

油漆高手，敏敏。

陪伴 讓迷途孩子喜歡學習的新思維課程

事情還沒做完，怎麼能放學

每位孩子都有自己的故事，大人們只要認真傾聽，就能聽見孩子心中事，更了解他們當下的行為，這樣會多一份同理心，事情也會變得好解決。和敏敏工作就是自然與快樂，時間很快就從嘰哩瓜啦中溜過去。欣卉老師放學走過敏敏身旁，用很訝異的口吻說，放學了！我以為你會立即快閃，怎麼還在做？敏敏只是簡單地說了一句：「事情還沒做完，怎麼能放學。」大家就可以知道她的態度。學校老師對於我們裝置校園評價很高，就是因為孩子們肯吃苦的態度。敏敏做事，我很放心，因為她的好態度感動了我。

挺過枯燥乏味的練習，就會擁有實力

例3：小倩與奇奇──花花二人組，自從上了烏克麗麗課程後，練琴是她們每天必須的功課，讓我驚訝的是，練琴很需要堅持，其實也是挺枯燥乏味。你想天天練同一首歌曲，我都做不來，何況是孩子。但是，二人組就這樣練出硬底子，當彈琴變成了反射動作，她們就開始動腦想表情，思考怎麼與觀眾互動，於是表演時的魅力也迅速增強。接著，我帶著他們到處走唱，教、學、總、輔辦公室、導師室與專任辦公室。這下子又累積了更多的舞台經驗，不得了，漸漸有了明星架式。當才藝變成實力，就有了競爭力，於是花花徵選到學校街頭藝人秀的表演機會，站上面對全校師生表演的大舞台，最後如願進入錄音室，錄製了他們的紀

念專輯。

教師自我覺察力很重要

和這群孩子工作，困難的地方就是得時時保持清楚明白。從被攪亂的心情中保有覺察，發現孩子亮點，還要將亮點變成希望的火炬。只能說我修練還不夠，因為他們教了我太多，需要慢慢學習調整，一旦領悟，我瞬間變強，成為金剛不壞之身。對我而言，感受最強烈的就是脾氣，初入教職時，我的脾氣大了些，因為我只有發脾氣這項技倆，但後來發現我的脾氣越來越好，本事也跟著越來越大，這都是孩子們教會了我：面對、處理、放下。我是三峽國中中途班組長，這些都是我的孩子，在三峽國中，我稱這個班為 920，「就愛你」班，我喜歡這個稱呼。我們一起努力重塑孩子品格，因為我們深刻明白——品德是學習的根本，也是培養社群情懷的開始。辛不辛苦？當然辛苦，卻是甘之如飴。

花花二人組，四處走唱演出。

陪伴 讓迷途孩子喜歡學習的新思維課程

▋傾聽孩子內心故事

劉遵恕，記於 2020 年

他們只是孩子

一早在辦公室見到阿成進來，「唉唷！怎麼臉上……」，「昨天和阿仔打架打的……」，還沒來得及追問原委，阿成用種炫耀的口吻，生動描述他如何把阿仔打得落花流水。因為這件事，自己被禁足，氣的不是不能出門玩，而是不能抽七星，講到這裡又說今天要去討回公道……，這就是別人口中形容很鏘的阿成。還好，他願意相信我，讓我處理兩人和解，最後用兩罐 10 元飲料擺平恩怨——這就是孩子。

學期初，他寧願坐在教室外頭，也不願進班學習，坐了一天又一天，很多老師關切也不敵他的拗勁。擔心他的受教權，如果父母知道，會不會不諒解學校？而阿成呢？老神在在，用靜坐抗議來面對這一切，用髒話攻擊強迫他學習的人。直到我們與他接觸，事情有了轉圜，他選擇跨出改變的一小步。其實，誰願意像傻子一樣坐在教室外，那需要耗費很多能量，例如：故意忽視人群、眼光，掩飾自己不堪的感覺，只要有人善意敲門，孩子會恨不得地趕快離開這窘境。

跟著我們這段時間，任勞任怨，很少抱怨，一面大牆的舊漆刮上半天，不休息也不抱怨，粉塵弄髒了衣服、弄白了頭髮，只說回家洗澡、洗衣服就好啦！現在也會回班上課，問他回班感

想，只說沒有，因為都在睡覺，班上功課也願意寫一點，也願意當個暖男，幫我們勸另一名中輟生來學校，在我們眼中是位模範生——當我們這樣認為時，阿成更能正向看待自己。

你沒有認真想喔！笑是用來掩飾自己的無力

我記得和他為了「不適當的笑」，做了一番討論，不知道從何時開始，當別人變臉時，阿成習慣使用呵呵笑來回應，殊不知這樣的反應會讓自己落入險境，因為對方一旦理解錯誤，一定招來衝突。另外，我們是不是也要告訴阿仔，這樣冤冤相報，何時了？除了打他外，怎樣解除你心中的氣，阿成竟笑著說：「送我一條七星。」你沒有認真想喔！可不可以給老師一個機會，找個時間我把阿仔叫來，聽聽他的想法，阿成回答：「隨便。」

阿仔的回應很簡單，說阿成一直嘲笑他，他氣不過。回過頭，阿成的反應呢？看起來認真許多，當孩子認真時，我也願意花時間和他討論更深入問題，最後竟然驚訝發現：當阿成覺得困難無法處理與應付時，就會開始用笑回應一切，原來「笑」是用來掩飾自己的無力，這時他會把自己變得很好笑，取悅自己與他人，這樣就能緩和緊張氣氛，不會顯得奇怪，他的心理狀態回到用更小的年紀時的狀態來反應。也許深入下去，可以發現在他的家庭中，他也會用這樣的方式化解紛爭，但是他不知道這樣反應更顯奇怪，也是衝突的開關。而我告訴阿成：「千萬不能用笑！」當別人臉色變時，你應該如何？阿成認真回答：「不能笑。」我

接著說「笑」會讓別人感覺如何？「會不舒服。」所以事情還沒有解決，反而誤會更深了。

如果你用笑來表達，沒有人會懂

這是我今天在孩子身上發現的轉機，感謝阿成與我分享，不然我也可能會誤會他，墜入心理遊戲中，他或許不知不覺傷害了關心他的人，更麻煩的是無數次傷害自己，證明自己不好，最後完成潛意識的信念——我是一個什麼事情都解決不好的人。我很有耐心地告訴他，來到這裡就是要學習，凡事都可以解決，如果你用笑來表達，沒有人會懂。

5年來和這群需要協助的孩子過生活，低成就與挫折感不時地發生，將事件與心情記錄下來是種覺察，未來也更容易面對。寒假，我接到另一位孩子——阿清的電話。他語帶顫抖哽咽地說：「我欠了錢，對方說如果今天不還，晚上還會被打一次。」他拜託懇求我，老師可不可以幫我，我不想被打。我立即聯繫債主，幫他解決，避免一頓皮肉痛。但是，借錢行為依舊，我這忙幫的究竟對不對？

為了孩子行為改變，付出無比包容與耐心

力偉老師今天說：「牛牽到北京還是牛。」我們一同為了孩子的行為改變，付出了無比包容與耐心，機會給了又給，但似乎得不到孩子的進步，反而倒退了10步，拉都拉不動。孩子愛吃，

6 發掘孩子們生命中的珍珠

我教他：老師不會不讓你吃，只要跟老師說一聲。這教的是禮貌與相信。光這項品德就需要慢慢地教，孩子才會放下防衛聽進去。過了一陣子，孩子又跑到廚房，拿了助理員剛洗好的一盆葡萄大快朵頤，助理員正準備要制止，孩子卻大言不慚地說：「你叫老師來跟我說。」意思就是：你又不是老師，憑什麼管我！

愛吃，是阿清的習性，同學常來抱怨，只會吃卻不做事，說給他聽，他辯駁：哪有！我有做事，口氣聽起來自己做最多。今天上課，請他幫忙把地上的瓶子撿起來回收──為什麼是我！因為老師我信得過你，又用表情拒絕，我接著說：「下次別找我幫忙。」換來他鬼臉連發。下課想要教他是非，話都來不及說，又是鬼臉連發，我氣了！他沒察覺我的臉變了，又想要到廚房吃東西，可是被我請了出去，想請他到諮商室好好談談，他可聰明了，因為他知道一定會被我唸一頓，所以斷然地拒絕我──小子真是厲害，有學過心理學。

這幾天為著琴房興建，我傷透腦筋。想為你佈置一間琴房，因為看你打鼓時真的很帥氣，與平常頑皮的你截然不同，所展現的有股莫名的臭屁與自信。當我告訴你這個想法時，你卻回答：「等你建好，我都畢業了，少來。」衝著這句話──趕工，那怕再沒把握也要試試，希望有天能看到你在鼓室裡盡情打呀！敲呀！還可以錄下你的聲音，那時我會覺得非常有成就感。へ！小子，我可是玩真的，你呢？認真一點幫忙就好。於是，這段日子，阿清真的十分認真，不管多麻煩的工作，他都願意去嘗試，

229

而且發現做出來的品質相當好,可見得有被訓練過。

　　父親曾經經營過小吃攤,阿清在耳濡目染下,養成了基本做事的態度。隨著時間流逝,他發現畢業前無法完工,索性不來學校,放棄一切努力。我們不會因為這樣氣餒,而是加班趕工,終於在畢業前一個月完工。這段期間,我們也把照片陸續傳給阿清,我們一直等著他回來⋯⋯。畢業前兩天,阿清靦腆地出現在辦公室前,很不好意思地跟我說聲抱歉,過來擁抱討好我,其實我並不會因此生氣,因為阿清不在的期間,給予了其他孩子發揮的空間,想送給他這份禮物的心,不會因為他的輟學而改變。我想這在他後來寄給我的信中看得出來。他在信中說,謝謝我們一直都沒有放棄他,他會永遠記在心裡。

6

發掘孩子們生命中的珍珠

阿德勒降落

接納不同意見,不強迫他人接受自己的意見;認同他人與自己的不完美。不完美沒什麼不好,這才有人味,才可愛。

中途班瓶頸與
突破之道

07

中途班課程的實作經驗與回顧

徐力偉執筆

中途班教育課程的經費主要由國教署編列制定，縣市教育局核發，這項資源運用的目的就是希望降低中輟[18]率，讓逃走中的學子回歸校園，以及預防可能會輟學的孩子，他們的狀況大多是出缺席不正常、學習意願極度低落（上課都在發呆睡覺或對課業學習興趣缺缺）。由此可知，中途班其實就是放大版的高關懷班，這兩者的差別，只在於經費的多寡。真的會中輟的孩子畢竟是少數，而長期中輟還能回歸穩定就學的，更是少數中的少數⋯⋯。為什麼？

三峽國中中途班大多邀請九年級的孩子參加，因為九年級中輟人數與長缺人數最多，加上對國中教育會考不買單的孩子，在班上幾乎是無所事事，容易停止學習。少數七、八年級因為中輟復學會提前進入，因為峽中一般班級數 57 班，光是九年級每班只要推薦一名，我們一定無法負荷，自 2015 至 2020 每年一班大約人數約在 10 至 12 人左右，混齡制。

▍孩子學習心態分析

擔任中途班導師 3 年，我發現這些孩子大多是吃不了苦的。無可厚非的是，真正的學習就算不是痛苦的，也是辛苦的。而人

生的道路就是一條漫漫無邊的學習過程，無論將來是什麼身分、什麼職業。所以回過頭來，想想我們的課程規劃，即便再怎麼多元適性，學生總是會先被吸引一陣子，但當他們的好奇心逐漸退去，學習動機仍沒有出現的話，加之辛苦的浪潮一陣陣襲來，他們很容易就會索然無味，最終放棄，導致學習的潰堤。

於是，學生的心理狀態總是在「好奇——熱情——索然無味」的轉換過程中。我們如何能拉著他們貼近好奇的狀態，那就是我們師生之間的拔河，也是教育的藝術與智慧所在了。

▎不能不期待，也不能太期待

無論我們的規劃與期待如何，這些孩子除了讓我們看到奇蹟，也時常讓我們受到驚嚇——，不對，應該是收到驚喜。所以，我們心態上可能需要先建立起「不能不期待，也不能太過度期待」——這是我飽受摧殘而領悟的心法。

為何「不能不期待」？只要是教師，對學生一定都會有期待，這份期待，將會影響教師所有的選擇。接下辦理中途班教育的使命，就是要相信孩子「有可能」因為參與這個課程而改變，

註 18. 中輟，是學習中途以非合理程序停止就學。國中小符合以下情況之一，即為「中輟」：
    (1) 經請假、請假未獲准或不明原因未到校上課，連續達三日以上。
    (2) 轉學生因不明原因，自轉出之日起三日內未向轉入學校完成報到手續。

這是所有教育的初衷，就算放在中途班也毫不違和。唯有秉持這個信念，才能積極地去投入一些課程上的創新規劃，並且不放棄教育孩子的心。

我們知道，一旦退守這條信念，中途班課程將會變得毫無生氣，變成許多人放在心裡而不說的「放牛班」。如果不相信孩子來到這裡會有所改變，那麼除了當作是放牛班，還能是什麼呢？這個「不能不期待」正是支持了我和遵恕老師一路走來的那股傻勁。

▍常保平靜才能看清孩子的傷痕

我們都知道這些孩子的背後都有著屬於自己的故事，可能被許多人放棄過、可能長期不被家人重視、可能被同儕霸凌過、可能常常不被理解而與他人發生衝突、可能從來沒有一個人真正關心過他，他們叛逆、冷漠、傻笑的背後，藏著哪些看不見的傷痕，我們不一定會知道。

想要調整孩子們長期以來積累的心態與習性，從來就不是一件容易的事。有時候，一些極為平凡，他「應該會」或「應該要這樣做」的小事，他就是做不到，甚至會做出讓人意想不到的事；有時候也可能發生：你們擁有長期的友好關係，突然在某一天，他就翻臉不認人了。這類事件在中途班裡層出不窮。老師也是人，也會有情緒，也會感到受挫，但如果遇到這些事，不能帶

著平靜的心，甚至心中耿耿於懷地來面對學生，這對孩子和自己都不會有任何的好處。如果「不能不期待」是一種「動」的外顯熱情，那麼「不能太期待」就是一種「靜」的內在智慧。前者，支持我勇於實踐奉獻；後者，庇佑我心靈不至於凋零枯萎。

▍包裝自己的無能，以此展現自己「很行」

幾乎所有教育第一線的老師都會遇到學生這樣的發問：「老師，學這個有什麼用？」有時候，學生是真心地問，有時則是隨口問問，還有一些是為了逃避學習而問的。中途班的這些孩子們，幾乎都是因逃避而問的，語氣多半不友善，以此來逃避自己的「無能」，遮掩自己的不自信。我們這裡指的「無能」，是一種學習上的斷層落差，非天生能力的不足。他們透過這類的方式來掩飾自己的無能外，但同時又會刻意裝作很厲害、很囂張，包裝自己的無能，以此來展現自己「很行」。

這樣的習慣與心態長久下來，當他們遇到「學習」這件事的反應時，往往不是選擇「逃避」，就是「自以為很行」。因此，對學習的態度不要說有熱情或好奇，基本上是排斥的。再加上如果他們過早進入社會，更容易產生：「我現在出去可以賺錢，跑來學校聽你們說一堆屁話幹嘛？」的心態。這種自以為的「成熟」，限制了他們的可能性。在享樂主義下，他們看不清自己的未來。因此，他們往往選擇以最廉價的勞動力，或是非法的途徑

來賺取金錢，並從此決定了未來怨天尤人的生活，卻總是忘記，至始至終都是自己的選擇，於是往往聽到他們說：一切都是別人的錯。

■ 我們很容易誤解孩子，孩子也很容易誤解自己

這類孩子本來就不容易回到班上正常學習，例如「坐在位置上專心聽講」、「抄筆記畫重點」、「不懂會舉手發問」、「遵守上課秩序」。這些事情對於每天來學校的孩子來說，也未必能做到，更何況是那些離開校園已久或是長期學習失利的孩子。對一般老師來說，中途班的孩子往往被視為不愛念書的孩子。而不愛念書又很容易和「不努力」畫上等號，於是這樣的觀念讓我們很容易誤解孩子，而孩子也很容易誤解自己。

除了真的具有中輟身分的孩子外，某些在教室已經完全無心於課業的孩子，在經過輔導老師與導師評估後，並經由家長同意，他們也會來到中途班。傳統上，學校的教育大多強調學生在邏輯數學和語文（主要是讀、寫）兩方面的發展。而在這兩方面失利的學生，常常被認為缺乏能力。久而久之，他們也容易產生自己沒有能力的想法，並對學習產生恐懼。但傳統學科的測試與科目並不代表全部的能力。（從本書中分享的故事，我們可以很容易看到這些不同的面向）。因此我們在設計課程時，也是絞盡腦汁、費盡心力。透過不同的教學空間、課程內容與考核方式，

來幫助他們擴展自己的眼界，探索自己，並覺察與相信自己的能力。同時，我們也希望他們能夠發現，一直以來在學校學習的他們，當他們離開學科內容與紙筆測驗的學習方式後，反而能讓他們更自在地接近學習。其實，我們更想讓他們明白，人活著的每一刻都可以「在學習」，有了這樣的觀念才是真正的「學習」，最終，品格與態度才是最重要的。禪宗六祖慧能大師雖不識一字，但依然智慧圓融，他說過：「道其實就在人倫日用間」。無論書讀的好或不好，最終還是要回到社會上生存。

▍「服務學習，學習服務」理念的課程設計

除了透過課程設計，我們也期待他們在接受他人幫助與教導的同時，能夠學以致用，更能回饋社會。當他們在生活中運用到自己所學的技巧，這無疑能幫助他們相信自己的能力，而透過這些能力再回饋社會，更加能幫助他們找回自信心。簡言之，「服務學習，學習服務」一語，基本上囊括了我們在辦理高關課程時所秉持的教育理念。

▍既然山不過來，我們就過去

什麼課程對學生有幫助是一回事，學生願不願意學、願不願意買單又是另一回事。每每開課前我總是與遵恕老師促膝長談，

並與輔導老師、任課老師商談，回顧學生種種的學習樣態，藉此來調整與修正未來的課程設計。我們就是在嘗試一種滾動式課程的實驗，讓孩子們在課堂中真正學到些東西，激發他們那消逝已久的學習熱情。我們發現這樣的課程永遠是培養孩子社會情壞理念的課程，我們能做的就是朝著這樣的理念進行課程設計與實驗。

中途班導師在校園中的困境

徐力偉執筆

▌有沒有辦法一起去支撐這個孩子

中途班的組成型態和資格很特別,來的人要中輟過或是有中輟之虞。所以很顯然的,我和孩子們身上註定有一個標籤。

我的標籤是什麼呢?最常聽到的問題就是導師或是家長們的質問:「我的孩子來到這裡會不會變壞?你能不能保證他不會被帶壞?」撇開我們中途班不談,哪位老師能保證自己的學生在畢業之前不會變壞?

我們的基本成員,雖然是這些中輟的孩子,但由於他們在外神遊的時間太久,一時之間,你要他們早睡早起來學校,並且每天都能來上學,要他們放棄外面那種自在的生活,課程雖說是其中一個極大的誘因,但要孩子重新回到學校,這真的不單單是課程設計的問題,更關乎整個系統有沒有辦法一起去支撐這些孩子的需求。

▌主動招生──跑導師辦公室

換言之,如果我們孩子的組成全部都是中輟的孩子,在課程的一開始,最有可能發生的窘境就是老師來了,學生沒來。因

陪伴 讓迷途孩子喜歡學習的新思維課程

此，每到中途班的一屆要結束時，遵恕老師會帶著我，像是補習班招生人員般地穿梭在導師辦公室間，請導師推薦一些在班上學習極為無助或無力的孩子。而這些孩子的具體表現通常是每天來學校不是在睡覺，就是在亂。雖然由法定條件來看，他們並沒有中輟，但事實上他們已經處於中輟狀態了（沒有在學習的狀態，這邊我們姑且叫做「偽中輟」好了）。

我的個性屬於慢熟型，來到峽中才一兩年，與許多老師都只有一面之緣。剛開始我很不習慣跑去導辦，因為我覺得導師自己應該能判斷哪些孩子需要被送出來，我們有沒有去跑導辦，好像也沒有太大的關係。雖然我跟著遵恕老師一起跑，但心中一直覺得真的有這個必要嗎？有這層疑慮的我，焦點其實都是放在「自己的感覺上」，而沒有注意到這個行為背後的動機和意義。

與導師想法上的落差

在跑導辦的過程中我發現幾件事，在同一系統內的我們與老師在面對中途班教育的看法是有落差的。最讓我訝異的是，有老師問我們：「孩子在你們那裡，能保證不學壞嗎？他現在雖然上課都在睡覺，但至少乖乖的，每天都會來學校。」這樣的說法讓我感到有點難過，彷彿我們中途班就是收垃圾的，把一堆壞東西集合起來而已。但事實上不是這樣的，我們辦理中途班教育的初衷從來沒有變，就是燃起孩子對學習的熱情，幫助他們重拾對自

己的信心，而不僅僅是把他們集合起來方便管理。

對於那些已經中輟的孩子，我們希望透過多元且彈性的課程與輔導，幫助他們逐步回歸校園；對於那些看似沒有中輟，但事實上已經處於中輟狀態的孩子，我們希望他們學習的時光不要虛度，能有更多機會接觸新的刺激、新的事物，進而更了解自己。

在與導師這樣的對話中，讓我有很多意外的收穫，我們有機會向老師澄清我們的理念和想法，或許不是每個老師都能同意接受，但至少開啟了對話和新的可能，也讓我理解到中途班這塊招牌的沉重，原來同一系統內老師的看法和我們有這麼大的不同。

▌在課程運作上，需要有榜樣與標竿

對於中途班教育課程的運作上，我們也需要一些所謂「偽中輟」的孩子，作為標竿與榜樣。老實說，這些孩子在我們這裡往往都是模範生，因為他們會有「寧為雞首，不為牛後」的感覺，且很快就會展現出來。在這裡，他們會有發言權，會有自己的舞台，操作性質的課程，孩子很難交白卷或是雙手一攤說「我不會」，無論如何，都會有成品和成果出來。

我們都知道「白沙在涅與之俱黑」的道理，但我們太常以不良的環境為「黑」，所以無法以逆向思考的思維來面對中途班的事物。讓穩定出席的孩子來參與中途班，就是要塑造一個正向積極的環境，讓偽中輟的孩子有熱情，讓中輟的孩子有信心。所

以，即便每個老師都擔心孩子放到我們這裡會學壞，甚至間接質疑我們的專業，我們依然要有勇氣面對，因為我們清楚自己為何被誤解，並且堅信自己的初衷與使命。

從交流中找尋支持力量

劉遵恕執筆

每年教育局舉辦的中介教育考評活動，宛如一場增能嘉年華，各校會把創意課程展示出來，讓大家互相觀摩學習，也會將各校所面臨的困境提出，尋求支持與解方。

我們遇過許多學校在執行資源式中途班、慈暉班業務時，往往會陷入「經費消化」的舊思維中，將抽離的學生安置上課，用一般規則來要求孩子。這樣將讓孩子最後嫌棄上課不好玩，學習精神受到嚴重挑戰，課程也缺乏中心理念，彷彿變成了安親班，這只會讓老師感到更加疲憊。

因為這本來就是吃力不討好的工作，常常需要老師利用額外的時間與精力付出，每年承辦業務人員流動頻繁。在我接觸這個計畫的頭幾年，還因為導師費用的增加與減課多寡，在會中進行討論，即便是加薪減課還是留不住人。我認為當孩子沒有認真快樂的學習，老師自然缺乏成就感。在這樣的情況下，一有更好的選擇，誰還會願意繼續留在這裡呢？

一般學校還是習慣操作升學進路，成績好的學生會獲得許多資源，中等成績的孩子則能進入技藝班。而像中途生這樣因為學習挫折而陷入困境的孩子，以上所提的班別均資格不符而無法進入，只能由中途班接手。許多導師不願意將孩子轉介出來，大多因為深怕惡性循環，轉到中途班後結識他班孩子會更不受控。殊

陪伴 讓迷途孩子喜歡學習的新思維課程

不知，事實上，這些孩子早已在校外串聯一起，行為問題早令人擔憂，老師們還想用校規控制，這些孩子們通常表面配合，虛應老師，實際上都只是在應付，如果不及早介入處理，等到問題惡化，事情就會變得相當棘手。

翻開三峽國中高關與資源式中途班業務歷史，上述挫折我們都經歷過。現在，當我們拿到更多的中途班教育經費，如果還重蹈覆轍，豈不是讓更多人痛苦？所以積極解決問題就是我們需要思考的方向。讀者看到此應該也已經對我們的努力與付出有些了解，說穿了，我希望能為老師創造愉悅的教學氛圍，因為只有當老師感到開心，才能教出快樂的孩子。每位老師在課程規劃時，都能教導孩子服務觀念，這樣的教養方式就能達到一致性，孩子們便不會想在某堂課偷懶，挑戰老師的標準。

如此用心經營，希望能為這群孩子找到學習的出路，讓他們重新喜歡上學，並希望各級行政單位能了解我們的苦心，給予適切的支持與配合。5年來的堅持的確讓我們獲得了師生們的支持，這也是我想藉由此書與更多人分享的原因。

7 中途班教育瓶頸與突破之道

阿德勒降落

縱使被人質疑、說閒話,只要在我們領域中用心經營,不管別人如何看待,都是對方的課題。太在意他人看法,只會徒增煩惱,將他人與自己分離,會讓自己走向幸福之路。

陪伴 讓迷途孩子喜歡學習的新思維課程

學習與孩子一起生活

劉遵恕執筆

從事教育、輔導與諮商工作這麼多年來，領悟了一個簡單的道理就是與孩子一起生活。

當初進入這個專業領域時，我急切地想學習諮商輔導理論，因為想了解助人的最佳模式，研讀理論是我精進的方便法門，這理論給了我一個嶄新的視野。「見山是山」的領悟讓我迫不及待地想將所有的知識讀完。讀不完，大學還自願多讀 1 年，那時我認為很值得。因此走出校門時，我心中感到踏實，我不想再重覆專科時期學習上的挫敗感——畢業時完全不知道自己學到了什麼？甚至根本不敢應徵任何一家電子公司，那年我 20 歲，勇敢轉換跑道，並證明心理學就是我的興趣。一個人最幸福的事就是興趣能與工作結合，老天對我特別厚愛，讓我當上老師，遇到學生，將所學的充分發揮。

■ 除非我們穿了別人的鞋子走路，否則不會了解這個人

五專參加了 5 年服務性社團，帶領無數國小及國中育樂營，而我是孩子們心中崇拜的大哥哥。那時和孩子一起玩耍，一起生活，數天下來，只能說當了一個模範，並沒有時間聽聽孩子們

7 中途班教育瓶頸與突破之道

一起洗車過生活。

的故事，也無法走進他們的心中。當上老師後學有所用，諮商讓我用最短的時間與孩子建立關係，教師生涯的初期的確得到成就感，尤其當孩子主動來找我約談，成就感更大，讓我更想探究這門學問，參與更多的精進研習，願意接更多個案。「見山不是山」讓我用不同的角度認識諮商輔導，讓我了解殊途同歸。不同的理論都在提醒我們，除非我們穿了別人的鞋子走路，否則不會了解這個人。我一直苦思該如何更貼近孩子，環顧四周，同事們多以近乎命令方式與孩子互動──耳提面命、苦口婆心，這與我所學的以當事人為中心的理念大相逕庭。這讓我主觀地認為，怎麼可以如此對話，這樣批判心升起的結果只會讓自己徒增煩惱。其實想想每個人都在用自己的方式關照他人，放下自我標準，堅持自己所學，試著找尋接近孩子的方式，這樣看來可能有些固執，但卻很有力量。

▌將諮商輔導內化成精神與態度，就是我與孩子的生活方式

這幾年不是帶班，就是與中途孩子接觸，不是不用諮商輔導技巧，而是不需要特別用。尤其是帶班，因為長時間相處，如果天天諮商輔導反而怪，不太像人與人交流的過程。

生活就是我和孩子天天發生的事情，我用諮商輔導內化成精神與態度和孩子互動交流，漸漸發現這力道挺強的，孩子們會說我和其他老師不太一樣，願意主動接近我，而我也喜歡和他們一起生活，包容並接納他們。這讓我有種「驀然回首，那人卻在燈火闌珊處」的感覺，原來這一切都是我曾學過的理論，只不過我將它們很自然、平實地應用在生活中，這讓我更加體悟到那些諮商大師們的偉大與辛苦。我願意用這樣的態度和孩子們共同生活，因為對我來說生活本身就是最有效的教育方式，他們會把我說的話聽進去，在未來的某一天表現出來，這就是進步和改變。

中途班孩子更需要這樣的生活，慢慢來，給他們心理安全與優質學習環境來證明自己的能力。和他們一起洗車，看到孩子們認真的一面，從聊天中知道他們的故事與辛苦。和他們一起做蔥油餅、裝置藝術、探望養老院的阿公阿嬤，再到幼兒園送氣球、馬拉松邊跑邊撿垃圾……。因為這樣，我學習更柔軟，放下姿態，降低標準，感受生命力量，我願意嘗試穿上他們的鞋子，雖然走得彆腳，但誠意會感動彼此。

7 中途班教育瓶頸與突破之道

阿德勒降落

用孩子的眼睛看,用孩子的耳朵聽,用孩子的心感受——「共鳴感」說穿了就是「關心」孩子。

08

中途班教育課程的成果見證：創造職涯之門

為孩子未來種下希望

劉遵恕，記於 2016 年

　　如果為孩子開一間店，你會想開什麼店？

　　國際佛光會秘書長覺培法師，在一次面會時，和我討論到青年創業的想法。他轉述星雲大師支持青年創業的理想，希望和我一起構思如何實踐。我是一位老師，對商業、銷售與管理完全沒概念，當時我真需要住持給我多一些緣起。接著，他提及嚴長壽先生與穗科烏龍麵店的理念，也聽著我說到中途班孩子的故事。

■ 很慶幸能有人看見、傾聽我們與孩子的故事

　　在輕鬆的吃飯時間，我們激盪了許多火花，住持很關懷中途班孩子，如果能結合青年創業，應該可以幫助孩子更有目標，循著穗科烏龍麵，住持發想一間麵店，在三峽國中附近，合作對象是中途班孩子，我再加上「峽客一碗麵」店名，越來越有趣了。此時有人提議去淡水一間素食比薩店觀摩，聽說那間店很有原創性，住持立馬召集有興趣的法師們一同去勘查學習，晚間回傳照片與我分享，我很慶幸能有人看見、傾聽我們與孩子的故事。當天，我腦子想了很多，想的都是如果有這家店，可以為孩子做些什麼？這種感覺有點像買張彩券，想著中獎後如何安排，真不切實際。

▍中途班孩子不升學，將何去何從？

有一天上課時，我看到一般班級的孩子正在考試，心中想著中途班的孩子若不升學，將何去何從？根據經驗，這些孩子不論在體制外的課程學到多少，最後還是會進入被剝削的勞動市場，換來低報酬、無尊嚴感受的工作。好一點的可能重返教育體系，不好的就繼續抱怨。社會的第一課滿懷期待，但沉沉浮浮，最後淹沒於社會底層的洪流中。如果能多給我們一些時間，給予他們有尊嚴的工作機會，讓他們在其中學習到正確的態度與應對進退方式，甚至學會管理與經營的責任，若能存了些錢並以正確的態度展翅高飛，這樣未來不是很圓滿嗎？這讓我又想起與住持的創意與鼓勵。

此時我將孩子上合歡群峰的故事與住持分享，12 天 11 夜，孩子留下美好回憶，也留下一段令人發想的文字「山下的路比山上更難走」。我在帶領這些孩子時感同身受，我喜歡帶著孩子玩活動，因為他們在活動中的表現讓我感受到正向能量，但是回到學習與討論時，又顯得那麼躁動與無味，多讀一點書是我常常砥礪他們的話，但是從孩子臉上卻感受不到回應，我認了！他們是一群從操作中學習人生的天使。

陪伴
讓迷途孩子喜歡學習的新思維課程

▌有大家支持，我沒在怕

住持深受感動，回覆我青年創業計畫，希望我能想辦法實踐。開店非我專業，隔行如隔山，我完全沒有頭緒。在這段期間，我與雯華主任分享，主任鼓勵我說這是一個好想法，可以一起來玩玩，好吧！既然上面不怕，那我也沒在怕的。這句話是孩子常對我說的，我也想學著這樣勉勵自己。於是我想到幾位人選，開始聯繫他們。

首先，我聯繫了我的五專好友哈克，我們在學校是同一科，但卻是在社團認識，當年他擅長活動美工，我們常一起合作，這段經歷讓我們體會到服務工作的美好。畢業後，他從商，在混亂的商界闖出一片天，現在是超市負責人。他的理念是用消費保護臺灣這片土地，別使用農藥，照顧用心小農，也守護自己健康。出生於屏東潮州的他，來自鄉村，用同理心照顧眾生健康。吉源與闕姐，是我帶過的優秀學生，熱情有原則是他們的優點，又有一顆柔軟的心，有他們的支持我真的很放心。小星星是「起司班」的孩子，國中畢業後學習建築，對於這項計畫二話不說的給予協助，這些都是三峽國中優秀的校友，能再度與他們合作，我感到十分的榮幸。

住持告訴我這項計畫取名為「好苗子計畫」，希望種下好苗，成長茁壯，庇佑眾生。我也召集志同道合的人士一起討論，哈克提議，一定要先行做好規劃與準備，不然當有人問起這計畫

時，會不知所云，這樣對計畫不好。因此，我們花了很多時間討論出「好苗子計畫」在三峽國中將要以什麼理念來呈現。同時，我們也整理了開一家麵店的優劣勢，結果發現麵店所需的技術與器具太過繁複，在了解的過程中可說讓我這門外漢上了一堂課。最後「峽客一碗麵」這家店在經過評估討論後——告吹。

萬事起頭難，終於有了頭緒，接著我們討論哈克拿手的超市，燃起無比的希望。就在此時，住持召集計畫執行委員，通知我和哈克進行報告，哈克的專業報告贏得在場委員們的肯定，不過擔心成本太大，將來執行後還本壓力重，這報告將列入未來遠程的目標。或許是我們的積極，委員們也感受到我們的熱忱，隔兩天住持傳來好消息，讓我今後直接與執行委員洪老師討論，這訊息無疑是個直通鍵，讓計畫快速實現。

▍阿基師的專業協助

在這過程中，我時常與孩子分享大人們的用心，希望大家在活動中努力表現。因為每次活動都是考驗與挑戰，將來開店後現實與無情的打擊一定會接踵而來，大家要互相扶持、團結合作，而後與孩子們進行溝通，因為有這個希望，感到方便許多。孩子情緒化時，我就會跟他說：「客人如果刁難，你會用什麼態度來對待？」孩子一聽就懂，立刻安靜下來。後來與洪老師通了幾次電話，確立可行方案，最後朝向麻辣燙前進。然而，還有一個重

要的環節尚未回應,那就是知名廚師阿基師的專業協助,我等待住持與阿基師聯繫後的回覆。

不到一週傳來好消息,阿基師願意貢獻湯頭配方並親自指導。孩子真有福報,剛好金光明寺在冬至時舉辦三峽金湯圓活動。我帶著孩子們參與盛會,孩子還表演烏克麗麗,結束後,接受招待品嘗由阿基師指導的麻辣湯頭,孩子都說好喝,共桌的洪老師也給予孩子們勉勵,讓孩子們充滿希望。

回到學校後,這項計畫讓我和孩子們有了更多話題。其實,我感覺孩子一直處於觀望的狀態,我想他們可能從來沒有想過學校或老師會玩這麼大,自己有能力跟著一起玩嗎?其實不只是他們,我也有相同的感受。不過,這項計畫倒是幫助了我與孩子們有更好的溝通方式,孩子表現不好時,我都會問他們:「你會用這種態度和顧客溝通嗎?」孩子會靜下來聽我說話,這樣的溝通變得單純許多且有效果。

▌成功是在希望與失望間找到的契機

大人們還是不斷地思考著如何開一家適合孩子經營的店面,考慮到年齡、訓練、輪班等各種接踵而來的問題,最後我們定調──將以胖卡行動餐車方式經營。經過各種優劣評估後行動餐車都勝出,不必考慮店面租金、地點,甚至不用開發票。如果遇到孩子考試或下雨,不做生意也沒有壓力;在不開店的情況下,

光是外送也方便。於是，我趕緊寫計畫書，並將人員的問題解決後，靜待佳音。

每個人對「行動餐車」都有各自的願望。我的願望除了讓孩子走出學校看世界之外，我更希望有一天下班後，能開著餐車到教育局，為加班的教育局工作人員送上好吃的麻辣燙，讓他們知道他們平日的努力終於開花結果。這些成功的孩子們，都是用心經營的結果，當然，我們也不會忘記教育部，因為他們最需要加油打氣。

正當計畫順利進行時，卻遇到了一個重要的問題無法突破，再度讓我們的計畫需要重新思考——行動餐車停車做生意，萬一被開罰單，如何向大家交代？若要向警政單位請求合法的營業停車地點，又將是一項大工程。我們花了許久時間討論的項目，突然停擺，失落的心情難免，但心中依然保有希望。直到「全能清潔王」課程的出現，重新燃起了無限希望，這次我們終於成功了。我們忠實地記錄開店過程，因為這是一間有故事的店，承載者許多人的希望。店開了，我們還要繼續寫故事。

從全能清潔王課程開始說起

徐力偉，記於 2020 年

108 學年度第二學期的全能清潔王課程到這週二結束了。課程的前半部分，我們帶孩子們學習如何清潔洗衣機；後半部分則開始教孩子們清洗冷氣。冷氣機和洗衣機相比，有更多的變化與細緻的螺絲、卡榫要拆解，因此學起來較為複雜。但做任何事其實道理都一樣，就是熟能生巧，無論一開始有多麼手拙，用心練久了總會熟練。

一位學生在梯子上拆解冷氣機，梯子下的學生就要隨時傳遞工具或接手拆下來的配件。最初，梯子下的同學不太注意梯子上的同學，經常東張西望、玩手指、發呆，而梯子上的同學做完一個步驟後，就忘記下一個步驟。因此，力偉老師一會兒爬上梯子示範解說，一會兒又要爬下梯子引導學生該遞出何種工具。

雖然有點手忙腳亂，但慶幸的是教學現場比起工作現場而言，操作上可以更緩慢、更多的討論與探索的時間，甚至停下來休息也無妨。我們希望學生盡可能地自行解答自己所提出的任何疑惑，並從頭到尾親手完成一部冷氣的清潔。

▋不急著給答案，也不急著要孩子們給出答案

起初，很容易聽見學生說：「為什麼這邊卡卡的？」、「為

什麼這邊沒有辦法拆下來？」許多問題不是沒有教，而是學生在拆裝時還不夠用心。我最會的就是把問題丟回去：「為什麼那邊卡卡的？」、「你覺得為什麼拆不下來？」我們從來不急著給他們答案，也不急著要孩子們給出答案，這時候孩子往往會陷入沉思，將心中莫名的擔憂化作探索的動力，試圖去尋找問題的關鍵。

從一開始忘記下一步要怎麼做、不知道彼此該如何支援、忽略螺絲之間的環環相扣，到現在他們能井然有序地分工合作。老師只需在旁邊注意學生的安全，並稍作提醒，他們便能清洗完一部冷氣。時間的消耗，最能呈現他們進步的幅度。從一開始一台冷氣要洗 3 個多小時，到現在幾乎能在 2 至 2.5 小時洗完。

在這過程中，除了學會拆洗冷氣這項技能帶來的滿足感外，師生彼此間能夠極有默契地配合，共同完成一件事，這份簡單的快樂也是難以言喻的。

峽客清潔王創立

劉遵恕，記於 2020 年

▌服務學習為教育主軸，更是得到校內外肯定

我從不擔心等待，我覺得等待中因緣正悄悄發生，微妙中帶點兒冒險，當下我只做我應該做的事。最近這些年，中途班課程不斷地創新，美的世界課程，從教師會辦公室改造到峽藝空間，

帶著孩子完成大大小小美化工程，學校對我們極為肯定，甚至新北市教育局也對我們高度讚賞，成為其他學校經營中途班業務的楷模。自 107 學年度開始，連續 7 年榮獲考評特優第一名，實屬難得。以服務學習為教育主軸，更是得到校內外肯定，大方向抓對了，做起事情來什麼都很順利，更重要的是孩子得到學習一致性，沒有模糊空間。

這學期，繼噗噗澡堂（洗車服務）、峽客蔥油餅、空間改造等項目後，我們又推出全能清潔王課程，提供學校洗衣機與冷氣機的保養與清洗服務，獲得了很大的迴響。我們還推出敬師服務，在教師節期間為老師提供上門服務，賺取經驗外，也獲得技術上的精進。力偉老師和我帶領孩子穿梭在各辦公室間，十分吸睛。隨後，我們服務了偏鄉小學，贏得了許多喝采。身懷絕技的我們處處受人尊重，漸漸又再度燃起創業的念頭。

▌榮獲第八屆星雲教育獎典範教師獎

力偉老師自替代役在峽中服務，加上代課，至今已經有 6 年之久。雖然每年教師甄試都與他無緣，但他對教育的熱情依舊不減。在懷才不遇的情況下，他和我聊起創業想法，他和我說自己很能吃苦，以前，在還沒當老師之前，自己曾做過廣告看板，能屈能伸。於是我也向他介紹了「好苗子計畫」的內容，但是資金籌措是我最大的問題。恰逢 2020 年佛光山星雲大師公益信託第

八屆星雲教育獎開始選拔，我鼓起勇氣參加，目的就是拿獎金來開店。最終，我獲得了國中組典範教師獎，我隨即將獎金給了力偉老師，用來籌畫「峽客清潔王」。我希望力偉老師能帶著高關的畢業孩子們，幫助他們平安度過青春期，讓他們人格穩定加上訓練有成後，提供資金支持孩子們繼續創業，我們的想法其實就是這麼簡單，目的是希望給這些孩子們更多的機會。

同時這個計畫也引起了佛光山中華古今人文協會的注意。在國際佛光會秘書長覺培法師引薦下，我將這個構想提交報告，並得到與會法師們一致的支持。有資金、有員工、有人脈、有客源，從餐廳到清潔王，我們終於等到因緣俱足的時刻。力偉老師將帶著孩子們繼續創造屬於他們的生命故事，而我則在背後給予最大的守護，三峽國中和佛光山則給予最好的滋養。

就這樣「峽客清潔王」誕生新北三峽，力偉在校外，我在校內，我們合力織起守護孩子們的網，繼續我們的故事。

同時，預告我們下個計畫，三峽國中領域研習請來年輕農夫劉念祖，他是澳洲茶樹達人，他的生命故事因為茶樹而改變。聽完他的分享後，我立

即感受到強烈的啟發，我一直喜愛農事，而茶樹精油具有很強的殺菌力。峽客清潔王其實也在與「菌」對抗，如果結合茶樹精油，除菌變成清潔，這些元素建構出新的想法——峽客茶樹精油。

想法有了，接下來就是資源的結合。恰巧畢業班家長有塊有機農場「寒山 x 拾得農場」，在聽到我的構想後，二話不說地以佛心價將 700 坪農地租給我。我邀請念祖擔任我們的顧問，並在龍潭展開我們的下一步計畫。這次的計畫目標是讓孩子們學習種植澳洲茶樹，提煉精油並銷售自有品牌，這樣又可以幫助孩子們有一項謀生技能。這需要經費，我又去申請教育獎，幸運地獲得了「教育大愛菁師獎」，有了這筆錢的幫忙，讓我可以買樹苗。其實，我不愛得獎，只是因為需要資金……。

當老師變成老闆

徐力偉，記於 2020 年

■ 關懷孩子的心，不會因為做什麼工作而改變

住在三峽的我們，有時往關渡、士林、內湖、南港跑。只要正好遇到上下班時段，來回車程 2 小時以上的情況是常有的事。光是交通時間，有時甚至會比我們洗一台洗衣機的時間還要長。還有像是停車費，臺北路邊停車格大多 30 到 40 元／小時，民

營的最高敢收到 100 元／小時，我也見過不少類似的情況。此外，油錢以及過路費等等都是必要的額外開銷。

▎車上的自然互動時光，傾聽孩子心中事

因此，就商業行為而言，服務在地客人的效益是最大。可久而久之，我發現孩子們待在我車上時，我們可以在沉默中共享時光，也可以聊得天南地北、無話不談，但無論何種情況都是自然而不尷尬的。這種互動其實是很舒服且自然的時光。在學校，上課時老師的工作主要是授課，而學生們卻總是想盡辦法和老師扯東扯西，東聊西聊，儘管有時真的會出現值得深入討論的問題，但這時想多聊也不是，想深聊也不是。這樣的情況隨著鐘聲的響起，這些對話便如過眼雲煙消散，似乎剛剛什麼都沒發生。這個階段的孩子是需要有人聽他們說話的，只是這個角色大多是同儕，而長輩、家長或老師，通常不是他們傾訴的對象。如果孩子沒有異狀，老師一般是很少有機會和孩子討論一些內在的東西的。

在前往服務客人的通車路途中，同時坐在駕駛前座

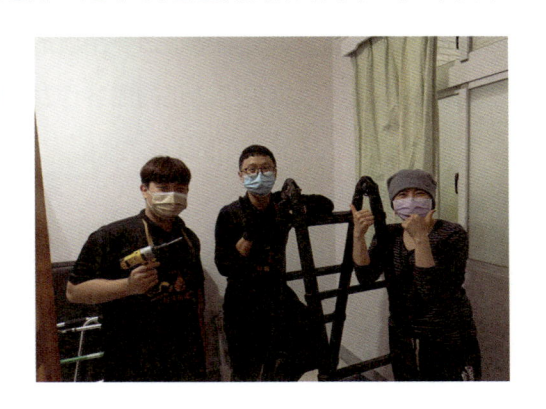

的我與孩子，說起話的感覺再自然不過，想聊什麼就聊什麼。有時我會分享一些工作經驗，或是點出和客人應對進退的重點，有時詢問他們上課或家庭的狀況，甚至也會聊一些自己在淘寶看到的有趣物品或是日常生活的發現。

一開始，我自己也沒察覺到這段時間的意義，和孩子說話更像是填補路上太過安靜的空白。直到有一次我隨口問阿君最近在學校還好嗎？他突然跟我說他要轉學。這個答案讓我很驚訝，因為他在這裡的工作態度與能力，不像是會隨口說轉學的人。

我很怕是他被霸凌還是遇到了什麼師生衝突，再問下去才發現原來是他上某些課時聽不懂，不能聊天又不能睡覺，犯一點小錯就被罵，因此覺得很痛苦。朋友說某某學校上課很輕鬆，所以想轉學過去。和家人談起轉學這件事時，他則是用另一種說辭帶過，家人也沒有太大的意見。

站在政府的角度，期待全體國民教育程度都有基本水平的能力，當然是善意。但實際上是國中就已經放棄課業的他們，升上高職後是否應該在教室繼續上這些早就放棄的學科？對於這些孩子而言是不是可以用更生活化的內容作為教材？而阿君的感受又是不是普遍大多數高職生的心聲？

▎升學是滿足家人的期待

我問阿君，那你幹嘛升學？幹嘛花錢去學校睡覺聊天？說真

的，阿君也不知道自己讀高職是為了什麼，家人說高中職一定要讀，然後他選了一個自己不討厭的科系，就去上學了，這就是他升學的原因。國中畢業後，好好找一份工作，培養自己工作上的能力與做事態度，也沒有不好。若因社會或家庭的期待與壓力，強迫自己升學，在高中職混 3 年，然後到大學再混 4 年，這樣的求學過程意義又在哪？這當中虛度的光陰或許才是這個社會應該要去正視的。

最後我和阿君總結他的感受說：「你只是在逃避讓你感到不舒服的環境，聽不懂而想聊天或睡覺，是逃避，不能聊天或睡覺就想轉學，是大逃避。逃避不是解決問題的好辦法，難道未來，你出外打拼一遇到不如人意的環境，你就要離開嗎？如果你離開後的環境還是一樣讓你不舒服，難道你要宅在家裡嗎？如果這些科目讓你感到無力，你也無心向學，就當作是一種修練吧，畢竟未來還是會遇到讓你不舒服的環境，至少術科你是可以跟得上的。但如果真的要因為這個理由轉學，你現在才高一，不如就鐵了心休學，好好找一份培養一技之長的工作做吧。若後來發自內心真想要念高職時，隨時都可以回去。在臺灣不怕沒學校念，就怕你不念。」

在他心中難以言喻的痛苦似乎明朗化起來，雖然問題還沒有解決，但至少他更釐清自己的感受由來，以及真正想要轉學的目的是什麼。當下他跟我說會再適應一學期看看，但如果之後他還是轉學，其實也無妨，至少他知道，有問題的不是不讓你聊天睡

覺的老師,即便這個體制有調整的空間,但最核心的問題是——你選擇逃避,而不是面對。問題釐清了,才有成長的機會。

也因為這次的對話,我發現長時間的交通往返又有了另一種教育的附加價值,塞車似乎就沒那麼令人感到煩悶了。

不同角色一樣煩惱

阿祥是最初和我、遵恕老師一同出來在暑假當任清潔志工的夥伴,遵恕老師曾是他國中「起司班」的導師。我們去了三峽國中的老師家服務、去了金光明寺佛光山服務、也在教師節去了別個縣市的老師家做服務。

▌教導孩子練習表達方法

阿祥很肯吃苦,當初我們剛創業時,很多設備都沒買齊。80% 的髒污都是靠手拿著不同的小刷子慢慢刷,那時洗一台洗衣機,平均都要 3 至 4 小時。但阿祥最可惜的地方是,他比較不擅長和人對話,無論是和客人應對進退,或是表達自己的想法。

一直以來我們都有提醒他、教導他或是和他做對話練習,但他進步的空間始終有限。或許是在我這頂大大的保護傘下,他可能覺得不必說太多話也無所謂。但我們不希望他只是會洗冷氣和

洗衣機而已，我們希望他在這便能磨練自己不擅長的部分。

後來，我又在思考還有什麼樣的機會可以讓他多多磨練自己。於是我想到了開車。他其實考到駕照一兩年了，只是平常沒有需要開車，因此開車的經驗不多。所以某天我就一直暗示他，以後你也要開車載孩子去工作，你自己要開始多練練車了。讓他開我車的前一天，我還和他說：「明天就讓你開囉，你如果心理準備上可以，就來開沒關係，但如果沒準備好也沒關係。」

隔天我問他，今天讓你開 OK 嗎？他說 OK！「你確定？」「我確定！」

▌家家有本難唸的經

是不是自己會開車後，做別人開的車總會覺得有點不安全？但阿祥開得確實是不太穩，帶到車流量較大的平面道路時，我和阿祥說換手吧，他也欣然接受。他將車緩緩開至路邊，一切看起來是這麼順利，孰不知，車子到定位後卻仍慢慢向前划去，我有點緊張地說：「阿祥，煞車、煞車喔！！」碰的一聲，我的車直接短距離衝刺撞向路邊的石柱。

事後，當然就是精神鼓勵阿祥要再多多練習，而阿祥的木訥在此時又盡顯無疑，當天完全沒有和我道歉或是說聲不好意思。

我回到家中，向家人告知這件事，當然被罵個臭頭。

「你車借他開，撞到別人的車怎麼辦？撞到人怎麼辦？」

「他不是故意的,他很少開車,發生這樣的事也不能怪他。」

「我是說你為什麼要借他開車?」

「讓他多練習開車啊,我們本來就是要好好培訓這些孩子,開車對他來說也是最欠缺的技能。」

「那是他家的事,哪個老闆會把車借給不太會開車的人。他不會開車,是他家人要教他,是他自己要去學,不是把你的車借給他練習,借給他撞。然後還跟我說好險沒撞到人,好險只有撞破車殼。你以為你賺很多,借別人車這樣隨便撞?撞到人怎麼辦?」

壓抑在我心中的苦悶、無奈、迷茫與煩悶,在這一刻徹底爆發了。我痛苦地大聲哭喊:「你以為我是一般的老闆?你以為我是壓榨員工的老闆?誰跟我說我適合當老師?我現在不是在當老師嗎?陪他們一起成長,錯了嗎?什麼叫做我以為我錢很多?所以現在你跟我討論的是錢,不是教育嗎?你知道我為什麼要和遵恕老師創辦峽客清潔王嗎?就是要照顧這些孩子,你不知道嗎?他有駕照,他有自信,我讓他試著開車,我哪裡做錯了?還是說錯的是他撞壞我的車?你到現在是不是不知道我到底在做什麼?峽客清潔王到底在做什麼?撞一下好幾千,你以為我很爽?你以為我腦袋空空做一天算一天?你以為我被學生放鴿子都沒感覺?你以為我過得毫無壓力?我只是智慧地去面對每一天的辛苦,但你為什麼好像總是要提醒我『給我負面點,悲觀點活著』。我知

道你是為我好，但你要做的不是應該和我討論『下次如果要借學生車，要再多注意什麼，我是不是要隨時準備拉手煞車，是不是要先和學生說他們應該要負起哪些責任。』」

家人原本凌人的氣勢消退了不少，而我原本流不停的眼淚和激動的情緒也隨著這些字句宣洩出來。客廳安靜良久，此時我卻不禁回想到，上一次這樣熟悉地放聲大哭，毫無顧忌地宣洩情緒，是在哪個時候呢？啊，在我國小回到家後，爸爸說媽媽以後不會回來的那個晚上，那時泡澡泡到一半，突然我放聲大哭。

冷靜過後，我對家人接著說：「為什麼我的車被撞壞就要怨天尤人，怪東怪西。沒有人樂見這件事發生，但都撞壞了，我們還能從這裡面學些什麼才是重要的不是嗎？」

為孩子做好示範

當上班族終於結束一整天繁忙的工作，時間來到了下午 5 點準備要下班時，如果老闆突然說：「今天大家要加班到 9 點喔，你們又多賺了 4 個小時薪水，反正你也是一趟來回車資時間，多做多賺。本來本薪換算成時薪 300 元／小時，加班費就算你 250 元／小時吧。」我想，沒有上班族會接受這種違反人性的要求。

現在網路發達，許多價格在網頁上一目了然。一般人在選購

物品時,都盡可能找價格最低、保固最長、最好還是免運的商品。比如搜尋蘋果手機,你可以找到不同價格,不同保固期,如果不介意福利機的話,還可以拿到更親民的價格。我自己也是如此,比東比西就是要比出那幾百、幾十元的差價。但這樣的比價是立基在商品規格一模一樣的前提下,我們會說這是購物比價。

但如果今天是美容美髮的行業呢?都是理髮,都是染髮,價格卻可以差到天南地北,自己在家染個頭可能 500 元不到,外面就是幾千元起跳。這中間的價差是美髮師所提供的專業與服務,原則上有良心的店家,價位的高低是依照自己可以提供的服務訂價。而無論如何,快剪與精緻理髮一樣,都有他們的市場與定位,也有自己的客群,這樣的市場行情大家也都能理解。也因此有人會特別跨縣市花錢去找自己滿意的設計師剪髮做造型,而有些人則會選擇就近求方便,快速、便宜,找住家附近的理髮店。

▎我們必須堅持用心服務,因為孩子也在看

冷氣機和洗衣機的清潔保養工作,偏向後者,而不是購買商品。洗衣機和冷氣機的構造一般人不是很熟悉,哪些地方能拆、哪些地方能洗、哪些地方容易堆積髒物和黴菌、哪些地方容易被忽視。但即便知道這些細節,保養的師傅對乾淨的標準、願意清潔到什麼程度、使用哪種清潔劑、施工後有沒有進行善後處理,

這些都是涉及所謂的工法。會拆會洗固然是一門技術，但如何洗是一種態度，當技術與態度的調和，就是工法。客戶請我們服務保養冷氣機和洗衣機時，有時會被理解成是在「購物」，但「全款，無全師傅」（臺語）的情況是常見的。

而除了施工當下，中間看不見的隱形成本，諸如：使用過的刷具、地墊、防水布，回家後要再做一遍清潔、保養工具的耗損、交通費與時間、停車過路費。如果認真的付出，收入卻不成正比，砍掉的不是價格，而是對這份工作的堅持與投入。

曾經有客人打電話給我們說，他請人來洗冷氣，結果地板整個花掉，就是用了太強烈的藥水，傷害了地板，也可能傷害了冷氣鰭片銅管。也有客人跟我們說，有廠商洗完還是有味道，結果要他們來看一下時，就要收第二次全額費用，氣不過就直接換廠商來做，就算要付錢也不給同一家。不管是使用的耗材或是售後的服務，我們則是盡量做到最好的。

我們是帶著孩子做，帶著一份理念和初心在做。孩子在旁邊看，我怎麼做，他就怎麼學，我隨便、敷衍了事，以後他就是這樣。也因如此，有時反過來是因為孩子在旁邊看，我也必須堅持的用心服務。善意的詢價我們都能理解，但做工不是流水線生產的量販商品。

溫和而堅定的訓練

日正當中，太陽已經快把屁股曬黑了。每 5 至 10 分鐘，我便打一通電話給阿水，直到下午 1 點前要準備出發前往顧客家時，電話那頭始終無人回應。我知道他又睡過頭了，於是我拎著裝備，獨自前往客人的家中。

▌包容遲到的阿水

阿水本來就是比較懶散的孩子，前後加上今天，一共放了我 5 次鴿子，還不是遲到喔。如果是在一般的工作場所，第 3 次老闆差不多就會請你回家好好睡個夠了。

我們開設這個公司，志在陪伴這些孩子一同成長，但初心不忘。我們的包容，前提是建立在孩子想變得更好。中途班導師 3 年的經驗告訴我，如果孩子表現的態度是不屑一顧，你擺了滿漢全席他也不會嚐一口。但當孩子有意願想改變，你做什麼他都很願意配合。

約阿水的第 6 次，我竟已開始有預設他不會出現的自我保護心態出現。而這次他意外地準時出現了，我再次語重心長地問阿水：「你是不是不想出來和老師一起做事了？」他停了 1 秒後，說：「沒有啊，我只是睡過頭了。」阿水現階段的狀況很清楚，就是睡過頭。

聽到他不是不想來才睡過頭，我其實放心了不少。我花了一些時間幫他整理自己的作息和心態，他跟我的互動也是有來有往。他們問題越多，表示還需要學習的地方還有很多，在教育上或許是件好事，但在職場上不可諱言地真的是件麻煩事。

阿水的每次遲到，就是要讓他不斷地提醒自己作息的問題。如果讀者看見我和阿水的對話，可能會被氣死。

有一次被放鳥的當晚，我密他說：「你今天怎麼沒來？」

「我今天有起來。」

然後呢？如果我沒有問下去，就真的沒有然後了。

又一次的放鳥，我問：「你人要到了沒？」

「我人在臺北。」

我真的是氣到不想再多問。直到下次約出來工作時，我才當面和他提這件事。和阿水的互動，我就是要一直問，問到他能完整清楚地表達自己沒來的原因。他說：人在臺北那次，是因為他哥一早叫他一起陪他去辦事，他以為趕得回來，但結果趕不回來，又不敢提早和我說。於是就這樣沒消沒息的，等我丟訊息問他人在哪。

▍不知道如何表達「對不起」

他不知道要怎麼跟我說，是因為覺得不好意思，但他沒有把他的不好意思，化成言語告訴我。一句：「我人在臺北。」回得

有夠理直氣壯。在車上，我來回和他澄清自己的感受，以及不斷交換立場地詢問他，如果他是我的話，感覺怎麼樣？

阿水歸納學習的能力很低，每一次發生這樣的狀況，就是訓練他把事情完整講清楚，然後還原當時的狀況，請他用正確的方式和我重新互動一遍。一直以來，我都是這樣在帶他。如果他這關跨不過去，以後無論去哪裡工作，不會有人再教他這個大家都認為理所當然的事了。

在三峽國中教書時，那些因為睡過頭，而遲到、曠課的孩子，如果和你說「工作和上學不一樣，我一定會準時到」。我做為老師與老闆雙重身分的見證下，告訴各位，不可能！作息不正常要調到正常，這不是一件容易的事，更何況是對於 14 至 15 歲的青少年。

峽客生命關懷公益活動

徐力偉，記於 2020 年

因為自己有養狗，對狗狗總是有著莫名的情感。先前當國文老師時，利用閱讀課介紹了浪浪在臺灣的現況，想不到同學眼睛一亮，於是各自領了相關議題回去做報告，然後上台分享。我也是腦子一頭熱地帶他們去宜蘭的一間民間動物收容所，聽館員分享第一線救助浪浪的經驗並擔任半日志工。

一路的成長經驗告訴我，「付出」從來不用等自己過得很好，只要能力所及且時間允許，付出只是一念之間。

　　因此2021年開始，在峽中擔任洗衣機清潔的講師，就想等孩子課程上完後，帶他們到校外服務，一方面也是展現學習的成果。

　　當初正在尋思要去哪個單位服務時，剛好一位夥伴曾經在「臺灣狗腳印幸福聯盟」[19]擔任志工，知道裡面有幫狗狗洗衣物的洗衣機。一聽到這個消息，當日我就和狗腳印搭上線了。

　　感謝狗腳印願意給孩子機會，也很歡迎我們去幫浪浪服務。但這次因為我們自己的時間安排太緊湊，清洗結束後也沒有太多時間可以和狗狗以及館員們有多一些互動，實在是很可惜啊！

　　原以為他們洗衣機只有兩台，但意外的是他們的洗衣機竟然有4台，下次或許就輪到我們峽客清潔王服務團隊出動了！

註19.「臺灣狗腳印幸福聯盟」是黃金獵犬救援及送養協會，「讓狗擁有幸福快樂的家庭」是狗腳印的主要宗旨。若有認同理念的救狗夥伴們，可以加入他們，一同為狗狗們找到一個幸福的家。

顧客們的回饋與鼓勵

徐力偉，記於 2020 年

▌三峽國中教師——郭伯銓

2021 年 1 月 29 日

　　平凡的午後，峽客清潔王來我家！從進門的那刻，就感受到細膩，自備拖鞋、踏墊、地布，力偉老師和他的學生，穿上工作服，平常執教鞭的手，換成電動起子。

　　一個小時後，洗衣鋼槽終於脫離，可以看到鋼槽外側和底部有許多黑褐色的沉積物，而白色外桶內部更是殘跡斑斑，靠近軸承處，殘骸已化為春泥，厚厚的一層，我倒吸了一口氣，原來我的衣服竟是和這汙泥一起攪和在一起的？很多事物，我們明明知道，但卻又裝作沒看見，以為沒看到就沒事，從冷氣機、洗衣機，乃至於無形的習慣態度，漸漸地深受其害而不自知。

　　浴室裡，學生用高壓噴槍沖洗鋼槽，再上清潔劑仔細刷洗，而外桶的部分，力偉老師先用刷子深入格狀溝槽中，這溝槽又深又密，強化了結構，但卻難以清洗，大概連原廠都想不到有人會拆開來洗吧？水柱所到之處，黑褐色的沉積物四射，很快地已成一攤汙水，洗衣槽又回到剛出廠的模樣！擦乾，鎖上螺絲，反向操作，零件一一拼回，就像是倒帶一般。

　　我的洗衣機又回來了，彷彿一切都沒發生，從外表看確實沒

有什麼不同，但我知道一切都不一樣了！

學生收拾了裝備，也順便幫我洗乾淨浴室地板，力偉老師則是細心地幫忙清掉洗衣機底部的陳年堆積物。最後，真的要感謝峽客清潔王，辛苦您們了！4個小時的工作時間，彷彿是一部壯闊的史詩，記載著破壞與重建的過程。最後，重獲新生！

▍國立臺北教育大學心理與諮商學系教授
——曾端真

2020年8月22日

力偉與遵恕老師從5年前，先後投入國中高關懷教育，他們近期成立峽客清潔王工作室，最終期待是透過產業教學，以另一種型態方式，繼續帶領迷途青少年。

對於洗衣機清洗我和先生並無概念，只想洗衣機需要清洗嗎？每一天都不是一直「在洗」，直到他們拔出骯髒的洗衣桶，心中的疑惑頓時煙消雲散。遵恕老師在網路上早已與我分享工作室想法，但今天他們來到我家施作，讓我驚艷了。原來他們的居家清潔升級了！他們準備了負離子臭氧空氣殺菌機，搭配LG塵蟎吸塵器，清理我們的臥室，吸出厚厚的塵蟎。原本先生想要換新冷氣機，覺得舊冷氣機沒必要清洗，但看到他們專業有效的清潔後，反而主動邀請他們清潔冷氣。

力偉老師說：「這些青年都是學生，我視為夥伴，而請我們

去服務的顧客都像是家人。」一位老師暫別教育界到居家清潔的第一現場,這需要多大的勇氣與信念。但這件事之所以有意義的地方是,他們用更實際的方式將孩子帶在身邊,他們用正向敬業的態度潛移默化這些青澀的孩子。

最後,請大家多多支持友善青年、敬業負責──「峽客清潔王」品牌,讓他們能永續經營。

▍曾任桃園市家長協會總會長──張家琪

2020 年 10 月 20 日

您聽過「中途生」或「高關生」這類名詞嗎?

在新北市三峽國中,有一群熱血的老師們,願意為了這些學生,放棄原本穩定的收入、舒適的生活,奮不顧身投入特殊教育,花很多時間指導學生學習一技之長,真正落實適性發展、有教無類的精神。讓這樣的孩子們在求學階段,能夠發揮自我價值,不再屬於校園內低成就的邊緣人,想到這裡,不禁覺得偉大!

親愛的朋友們,如果我們不用行動支持,恐怕這群老師空有高貴的理想,終究也會敵不過現實的壓力!

如果您們有需求,請「峽客清潔王」來幫您們服務,讓這些學生們,在學校所學習到的技能,可以落實在職場上,並賺取合理的工資,用來鼓勵他們願意對自己負責的態度!

在職場上,他們可以學會:面對客戶時,要如何應對進退?工作遇到困難時,該怎麼解決問題?情緒上來時,要用什麼方式轉化?

今天如果有一位老師,願意手把手的教導,我們是不是也能幫忙,讓這位老師可以把這條路走得長也走得遠呢?

▍新北市立海山高中教師──陳韻如

2019 年 9 月 21 日

謝謝三峽國中遵恕老師與力偉老師用心教導,培訓三峽國中高關生,學習滾筒洗衣機清潔與冷氣清潔技術,期待幫助孩子們習得一技之長後,走上創業一途。兩位老師利用假日帶著孩子到不同家庭拆解清潔滾筒洗衣機或冷氣機,每次出動清潔一台滾筒洗衣機,就得花費 4 至 5 小時,各種工具及高壓噴槍……一應俱全。

看見兩位老師如此深度陪伴學生,為孩子們的未來尋找出路,培養孩子擁有一技之長,與孩子們有更多互動……真的非常感佩!謝謝帶給我滿滿的感動,謝謝無私的教育愛!

09
後記

陪伴 讓迷途孩子喜歡學習的新思維課程

兩位老師的故事

▌ 2017 至 2020 年資源式中途班導師
──徐力偉

　　我的志願，應該是大多數的人都曾經寫過的作文題目。我小時候最想要當的三個職業，第一個是農夫，第二個是老師，第三個是美髮師。

　　為什麼想要當老師，我想是因為人生中很多重要的時候，都遇到很關心我的老師吧。在我國小時，父母便離異了，弟弟跟媽媽，我跟爸爸。其實當時我什麼也不知道，我只記得有一天我問爸爸：「媽媽呢？」爸爸說：「媽媽不會回來了。」當晚我洗澡的時候，哭了好久。

　　爾後就跟著父親和奶奶生活著。我的父親也有他的故事，我的父親是一位沉默寡言的人，也不太能跟他討論事情，可能他年輕時也沒有經歷過好的教育環境，比較任性發展，對我比較偏向是放養的，但我知道他是愛我的。我的奶奶是屬於打罵教育的那種，會規範我的生活常規，但她也有她的限制，很多時候情緒的謾罵也不少。對於我的學業和生活有積極正面影響的是我的大伯，和曾經跟我們一起住過一陣子的表哥。在學校遇到難解的情況，我反而會跟他們聊，會認真看我聯絡簿，要求我學業的，也

9 後記

是我的大伯。非常感謝我的大伯，願意花時間照顧我，他是我人生中很重要的啟蒙與標竿。

小學六年級時，母親突然出現在校園，抱著我哭著說很想我，找了我很久，她說我是偷偷來找你的，說不要讓爸爸和奶奶、家裡人知道。爾後我有了母親的聯絡方式，她也會固定上來看我。升到國中，我想補習，但家裡沒有錢，媽媽二話不說想辦法湊錢讓我補習，高中甚至大學，媽媽也持續資助我的學費，她是一位樂觀堅毅的女性，只是普通的上班族，家裡還有一個弟弟要養，卻也沒有放棄我，很感謝她在背後默默地付出。

或許我的家庭不像一般人有完整的愛，但也不至於匱乏，身邊總有不同的人，用不同的方式拼湊出一個家的感覺給我。

往後跟著父親那幾年，國中老師知道我們家很辛苦，總是會主動幫我打飯菜讓我帶回家，也會偷偷塞錢給我，或是幫我申請一些補助。或許是這樣的關係，讓我覺得老師這個角色非常有價值，也讓我很想成為跟他們一樣溫暖的人。

每當任教新班級時，我會和學生分享我的故事、我的選擇和我的遺憾。對學生的自我揭露，一方面是讓他們更了解我，也希望能促使他們思考或發現，自己或許過得比一般人幸福多了，雖然只是國中，但自己的人生藍圖其實在不知不覺中已經開始好一段路了。

在輔導處待久了，你會發現悲劇比喜劇還多，孩子們重蹈覆轍的行為是家常便飯，當有所長進時我們都會感謝天賜奇蹟。因

為悲劇和令人不悅的事很多，所以「忘」的工夫很重要，或許上一刻才被氣到半死，下一刻我們就要重拾信心，相信孩子有改變的可能。沒有正向信念，老師遲早會變成行屍走肉，但沒有「忘」這個工夫，這個信念將很容易磨損。忘是個什麼工夫？不是去忘記孩子犯下的錯，而是不需要將這個錯印記在孩子身上。

阿德勒曾提出類似概念，記著與指責孩子的錯誤，只會奪走孩子克服困難的勇氣。對讀者而言，你看見了輔導處同仁為這群孩子創造的許多體制外課程，認識這些特別的課程，了解這些老師的努力，就是和我們一起關心這些有故事的孩子。

9 後記

2016 年資源式中途班導師

2017 至 2020 年資源式中途班計畫執行組長
——劉遵恕

　　如果用兩個字來形容,母親——「賢淑」,父親——「威嚴」。父親是位軍人,長年在部隊中。在我 4、5 歲時,有一天母親帶著我去部隊找父親,因為他很久沒放假回家,這讓常說自己沒能力的母親,竟然鼓起勇氣,從中壢搭火車到新豐考指部看爸爸,媽媽牽著我,我一點都不擔心,對我來說盡是新奇旅程。從新豐火車站走到考指部,我記得很遠,感覺很漫長,到了目的地還要由衛兵通報,我和母親站在門口等待著想念身影出現,看見父親我很開心,他立刻把我抱起親了我滿臉,用嘴唇遮住牙齒,親咬著我發出哇哇哇聲音,媽媽笑著,我好幸福。媽媽曾告訴我,生下我讓她鬆了一口氣,因為父親從大陸來臺,能結婚十分不容易,希望生個男孩對列祖列宗有個交代。

　　其實在我看來這只是爸爸的個人包袱,但我還是很感謝父親,因為沒有這念頭就沒有我。6 歲前我擁有美好回憶,蓋樹屋、草叢挖隧道、過年槍砲戰、元宵燈籠火把、家家酒、自製科學小飛俠道具、卡通布袋戲、恐龍救生隊、小甜甜、史艷

文……。媽媽常常帶我看二輪院線片，所以小時候感染許多文藝氣息，不過對孩子來說還是喜歡電影院前的糖葫蘆與香腸，媽媽都會滿足我。鄧麗君是那時候我熟悉的明星，因為電影還沒放映前都是播放她的歌曲，置入行銷早已出現，陪媽媽看這麼多電影，總該看一次屬於我的電影，那天我一人去看了「七彩卡通老夫子」，太好看了！也感謝媽媽對我的放心。

其實人的記憶有時候並不正確，有一天與媽媽核對，她告訴我帶我去部隊看爸爸，是因為父親與大陸家裡通信，第一次接到家書，媽媽認為對父親來說無比重要，所以才甘冒不熟悉路的風險，只為了在第一時間讓父親解鄉愁。看電影的事，媽媽說：「我帶你看過這麼多電影喔！我不記得了。」我認為我很皮，但是媽媽說我很好帶。

這些差異其實並不重要，重要的是我接受到什麼，「關愛」是我在這回憶中接受到的真實感受，並深植心中。父親對我的期許很深，希望我能光耀門楣，這也是引發後續我們父子間的壓力與摩擦，但是關心與愛一直是我對人與己，永遠無法擦去的生命風格，這是父母賜予我最好的禮物。另外，父母親的勤奮，也影響了我往後的行事態度，這一切只有感恩，感恩父母讓我了悟，人一生需要完成的使命與價值。

自從學習阿德勒心理學，讓我有機會了解自己，如此才能保持熱情服務他人。從事教職以來一直讓我很歡喜的原因就是可以和孩子們打成一片，他們相信我，願意聽我說故事，並接受我對

他們的關愛,透過教育工作傳遞社群情懷理念,我堅信社群情懷用於國中輔導與班級經營定能讓孩子們得到幸福,因為我的人生在社群情懷中得到太豐富的滋養,故將此教導學生,讓孩子們得到真正心靈的自由。

陪伴 讓迷途孩子喜歡學習的新思維課程

老師也是人——
中途班導師與國文老師角色間的平衡

徐力偉，於 2020 年整理

▌學養，從來不會因轉換跑道而無所用處

前幾天到三峽老街巧遇今年剛畢業的學生打工。因為工作的關係，他穿了件平常不可能穿的大尺碼舊衣，上面沾了許多不知是累積的還是今日新沾的污漬。我經過時小聲地在他耳邊說：「你能不能穿的有型一點？」他詫異回我說：「賣豆花是要多有型？」

前幾個禮拜與同門學長姐拜會碩士班的指導教授，也順帶提及了自己今年換跑道的訊息，學長們熱情地向我預約了清潔的服務。有位學長打趣地說：「你這如果真的做起來，搞不好收入會比當老師好。」聽到這裡，我也馬上打趣地回應學長：「不要這麼說，我們是有理想的！」學長一臉疑惑地說：「洗洗衣機還有理想？」我大學在擔任美工助理時，常跟著老闆到處裝招牌、拆帆布，穿著的都是家中最破最壞的衣物與鞋子，那是一種很務實的心態。但我想，賣豆花可以賣得有型，洗洗衣機也可以有其理想。日本的文化與產品之所以令人喜愛，也是因為他們追求更高更好的可能，因而將其執著的精神與自身的期待注入於工作之中。

「峽客清潔王」的夥伴是以青年為主，一方面是鼓勵青年就業與創業，一方面期待我們日後穩定時，能再回頭與學校合作。

9 後記

　　我們也實踐著心中理想的企業倫理，跨越傳統雇主與員工之間的關係，轉以師徒親友式的互動來共議共學共好。這點是我們當初創辦的初衷，也是我們的理想。

　　我的指導教授似乎早已看慣大風大浪，若有所思地對我說：「就算念到碩士，也是可以做這行。或許你會做出不同的樣子，只是不要做一行怨一行。」他早已猜想到這類型的工作於我而言，可能會有無法預料的痛苦。

　　我們一直以來的學養，從來不會因轉換跑道而無所用處。直至今日，甚至以後，我也不會後悔選了中文系。有的只是後悔當時還不夠認真，或者沒有再去多學習其他的專長。自己念了4年的中文系，又念了4年的中文所，體會到中文系的「用」很特別，它是一種內化而非外顯的。中文系的專長可以是回答那些生僻難字、可以是能講出多少文哲理論、可以是寫得一手好文好字、可以是記得那些國學常識；但中文系的價值，我想是讓我們浸潤在淵遠流長的中華文化之中，從而對生存之哲理、歷史之洪流、自我之認識以及文字之刻畫有了更深更廣的體悟或感知，進而影響到自己的整個生命流向與塑造。

　　有時候在路上遇到一些行銷人員問我：「你覺得你認識自己嗎？」我都會說：「既熟悉又陌生。」

▍學習將複雜事情變簡單

在三峽國中待了近 4 年半,其中有 4 年都待在輔導處。三峽國中輔導處與我,實在有著獨特的緣分。

在求學階段,輔導處的存在感對我而言幾乎是零,我也曾像一般人一樣的誤解輔導處沒什麼事要忙,就只是找學生聊聊天而已。但進到這裡後,我看到了許多因煩惱、苦悶與壓力而迷茫的學生匯聚於此,視個案情況的嚴重程度而定,有時也必須延遲計畫內的事務;除此之外,這些老師們每天都要消化一整天滿滿的負能量以及低成就。

輔導處的業務更是包含了特教、技藝教育、資源式中途班、相關輔導講座等……。有時候不是哪裡輕鬆的問題,而是這裡的人想要過得多輕鬆。任何職場與職位(任何職位)都一樣,有人可以做到不起漣漪,也有人可以做到驚天動地。輔導處的老師們,不論是主任、組長或是周刊、季刊的小編,總是選擇做到後者。所以在這裡擔任高關班導師的我,有時會忘記自己是個國文老師,因為不知不覺地做了太多事情。

這些年來,我磨練了許多意外的能力:怎樣貼木紋地貼、怎樣用織布機、怎樣做蔥油餅、怎樣使用木工工具、怎樣烘果乾、怎樣炒菜圃、怎樣養魚、怎樣洗冷氣機與洗衣機……,而這些也僅是我們高關課程的一部分而已。這些豐富有趣的經歷,直至今年,都將隨著我的教職生涯結束而暫告一段落。回首來時路,

9 後記

很開心可以讓我和孩子相識，重新認識輔導無所不在，繼續閱讀下去你會發現，我們只是用一顆單純柔軟的心，讓複雜事情變成簡單。

人生沒有這麼困難，是你讓它變複雜了，其實人生非常單純。──阿德勒

▍帶這群孩子「慢」就會「快」

騎車至十字路口時，黃燈剛好亮起。開在我前方的計程車想趕在這個黃燈結束前左轉，但此時右邊臨停的車輛猝不及防的打了左轉燈，切到道路中央同時又在黃燈結束前完成左轉，所幸計程車車速不快，並未發生擦撞，但計程車也頗為不滿地按了聲喇叭警示這輛暴力超車的駕駛。

而這輛計程車本想貼著這輛汽車一起左轉過去，不巧紅燈已亮起，對面剛好又有巡邏警車，計程車只好識趣地踩了煞車，卻剛好壓在了斑馬線上，計程車好不尷尬地慢慢倒車。

此時一位老先生剛好走上斑馬線，手臂伸直微笑地向計程車搖手，貌似是想請計程車再倒退一點。孰不知老先生越走越靠近計程車，然後就上車了。

塞翁失馬，焉知非福。帶這群孩子雖然很急著想讓他們知道些道理，算了！還是按部就班慢慢來，有時神奇的事就會發生，

快得讓你來不及高興。

▍美麗的發現

　　裝逼、嘴臭、自以為是、目無尊長，或是自卑、看輕自己、不願挑戰與嘗試、活在自己的世界，又或者是家庭的驟變而恐懼人群、對人事物的失望與失信，以上大抵是中途生會有的情況。而這些情況往往遮蔽了他們應有而未有的努力與專注。跟這群孩子做些事、跑些步、說些話、吃些飯，往往可以撥開這些帷幕，看見他們不一樣的樣貌，即便只是曇花一現，也可能會令人暖心不已。

　　中途班教育課程的目的應是燃起他們學習的熱情，讓他們像好學的學生一樣，投入在學習之中，專注與堅持。至於學到些什麼，實質上有什麼幫助，也不是真的重要了。重要的是，讓他們相信自己可以，也確實可以。

　　有一次，遵恕老師在處理廁所偷抽菸的孩子，問他們自己打算怎樣負責？學生說：「準時到校 3 天，直接回班上課。」

　　遵恕老師告知我這件事時，我心裡第一個反應「哇！這麼有膽識喔！」但隨後便問了一句「那如果他直接不來上學怎辦？他一定做不到的啊（根據我一個多月的觀察）。」

　　遵恕老師卻說：「不必先預想如果沒做到的事，反正就等到時候再說。」遵恕老師向來是思慮細密的人，聽到這句話我也沒

9 後記

多想什麼。

隔天,那位偷抽菸的學生沒來學校。

平常總有學生喜歡直呼我力偉,基本上他們的口氣沒有惡意或嘲弄,我大致上都會一笑置之,雖然我的內心無法接受。這天,有個學生在路上徐力偉、徐力偉的叫著我,我聽得出來,那是在叫好玩的。於是我嚴肅地和那位學生說了這件事,學生也知道這樣不對,摸摸鼻子就走了。

又過了一天,這位同學希望我開單讓他出來做小義工,基本上這是不可以的,但我和他說,我可以開給你,但你今後只准叫我力偉老師。他一口答應,我習慣上加了但書「如果你之後叫我一次力偉,我就沒辦法請你做小義工。」他也說沒問題。

原本的想法,是想透過這個限制來強烈提醒這位學生要叫我老師。孰不知,有天他又叫了我力偉,他尷尬地笑了笑,又加上了老師。但在頻繁的互動之中,他還是無意間叫了我幾聲力偉。我理當可以履行規定,但我知道,這樣並不能解決問題——對人應有的尊稱,於是乎我處在兩難之間。「不必先預想如果沒做到的事」這句話頓時浮上我心頭,如果我當初沒先把話說死,是不是我會更有空間與彈性去處理這件事。

第4天時,那位偷抽菸的學生來了,抱著滿滿的歉意走向遵恕老師的位置,說明原由,無論原由為何,肯說明總是好事,帶有歉意總是好事。然後遵恕老師又是那一句:「你覺得你現在該怎麼辦?」此時此刻,這句話卻令我感到振聾發聵。當時如果我

295

們加上沒來之後的但書,事情或許只會更複雜。

太多時候我們連學生自己要負的責任都想好了,甚至是沒負起責任之後的事也想好了。有時候,不必先和學生談「如果沒做到」,引導學生自己「去思考如何負責」,對學生而言或許更有意義,對老師而言也會更有空間去操作。

9
後記

10 參考書目

1. 小倉廣（2015）楊明綺譯。接受不完美的勇氣。遠流出版事業股份有限公司。臺北市。

    這是一本能簡單明快了解阿德勒思想的書籍，也可以說是一本生活指引手冊，談的或許是大家早就知道的事情，但知道不一定能做得好，所以此書能時時提醒自己要守好。

2. 阿德勒（Alfred Adler）著，吳書榆譯（2015）。阿德勒心理學講義。經濟新潮社出版。臺北市。

    本書涵括大師主要概念，是一本了解個體心理學派一本入門書，文字看似淺顯，但需要慢慢咀嚼，這就是閱讀阿德勒經典書籍時必要的習慣，多讀幾次會有不同發現。

3. 威廉‧葛拉瑟（1998）。沒有失敗者的學校。桂冠圖書公司。臺北市。

    葛拉塞博士根據他在各種學校情境中的工作經驗和研究，探討教學過程，他所關注的焦點與其說是教材不如說是人，他認為，傳統學校是為失敗而設計的，取得成功的孩子，通常

都是能以教師規定的方式作出反應的學生，失敗的學生常對學校不滿，自我形象愈來愈糟，而且往往成為學校與社會的嚴重問題。

4. **曾端真（2016）。傾聽生命故事與敘說的療癒力：阿德勒學派心理治療。張老師文化事業股份有限公司。臺北市。**
接觸阿德勒學派的第一本書，感謝曾老師用流暢簡單文字，讓我認識令人讚嘆阿德勒世界，藉由每一句智慧之語，增加我教育的深廣度，更激發我的創意。

5. **劉遵恕（2015）。要玩就要玩大的：起司班學習成長故事。張老師文化事業股份有限公司。臺北市。**
我的第一本書當然要厚著臉皮介紹一下，因為這本書問世，讓我有了不一樣的生活際遇，也因為這本書，我發現認真地做完每件事情並記錄下來，經過一段時間後回顧，你會發現自己真棒！人永遠都有沒完沒了的任務，認真記錄回味無窮，人是很容易遺忘的。

阿德勒臨床實務工作全集

《拓展兒童教養新視野》

編者：亨利‧史丹博士
譯者：何雪菁
審閱：曾端真教授

本書有阿德勒對各種
精神官能症狀心理結構的闡述，
更說明了性別、年齡、
整體環境與社會脈絡的互動關係。

《阿德勒解析受溺愛兒童的生命風格：成年後與精神官能症、夢境、犯罪與愛情的關係》

編者：亨利‧史丹博士
譯者：何雪菁
審閱：曾端真教授

阿德勒認為每個人都有
其獨特的生命風格，
既不是天生生理性決定的，
也不單是後天客觀環境造成的。

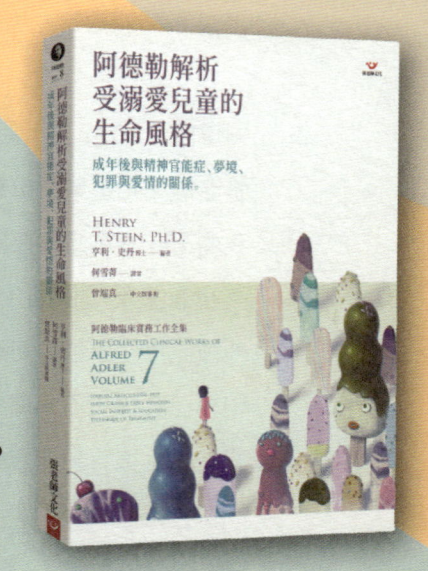

《有一種勇敢，叫做自己：阿德勒夢之理論與精神官能症》

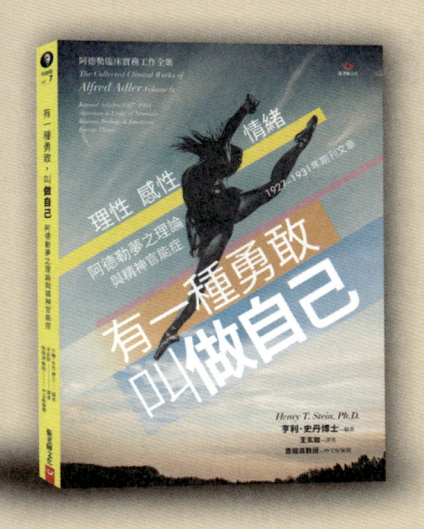

編者：亨利・史丹博士
譯者：王玄如
審閱：曾端真教授

天賦、潛力和特殊資質
只是構成一個人的元素，
而人可以根據想做的事，
來決定他要如何利用這些元素。

《自卑與虛構解體的終極目標：
　研學阿德勒個體心理學，
　成功迎戰精神官能症》

編者：亨利・史丹
譯者：田育慈
中文版審閱：曾端真教授

了解人的本性，更像藝術，
全書主題貫穿，內容完整連結。

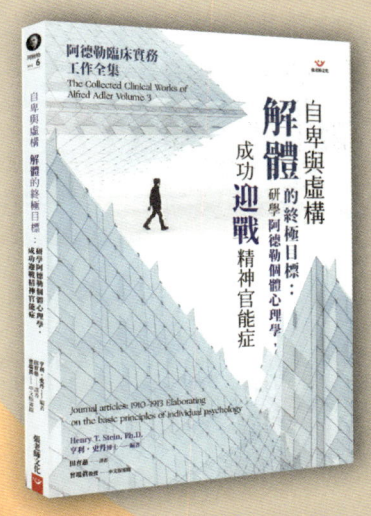

拓展兒童教養新視野　　受溺愛兒童的　　　　　有一種勇敢　　　　自卑與虛構解體
　　　　　　　　　　　　生命風格

INTRODUCTION
雲平台功能特色介紹

寫書人
作者簡經歷介紹、著作與最新動向,留言與作者 Q&A 互動。

出書人
開放書籍、月刊投稿;線上投稿,刊登文章,成為雲版主。

雲讀書會
由經驗豐富的領讀人,帶領線上導讀,小組討論、分享,彼此互動、交流,不需出遠門,就可以尋找同好,發展自己的閱讀社交圈。

雲商店
提供完整、便利的購物功能,快速的找書、選書、購書、報名課程,多元的付款及運送選擇,消費即享點數回饋。

張老師文化 APP

IOS、Android 雙系統平台使用,
介面精簡、內容同步網頁,
使用上更簡便直接!歡迎下載

說書人

線上影音，知心花園、安心學堂……等特色主題，名家作者親自說書、親子共讀、憂鬱、自助助人等豐富內容。

雲學苑

實體與線上課程。線上報名、實體或線上參與，各大精選主題課程，滿足愛閱人的求知欲。

讓愛書的同好能發展成新社交群圈

「閱讀」讓人的心與雙手跟其他人發生的連結與情感，仍是如此溫暖與特別。我們會繼續走下去，誠摯地邀請您繼續與我們同行！一起來拉近我們與書的距離～

張老師文化雲平台

張老師文化 APP

國家圖書館出版品預行編目（CIP）資料

陪伴：讓迷途孩子喜歡學習的新思維課程 / 劉遵恕, 徐力偉作. -- 初版. -- 新北市：張老師文化事業股份有限公司, 2025.07
　　面；　公分. -- (教育輔導系列；N164)
ISBN 978-626-99237-4-8(平裝)

1.CST: 學習輔導 2.CST: 問題學生輔導

527.44　　　　　　　　　　　　　　　　　　　114006875

教育輔導系列 N164

陪伴：讓迷途孩子喜歡學習的新思維課程

作　　　者／劉遵恕、徐力偉
總　編　輯／萬儀
責 任 編 輯／陳湘玲
封 面 設 計／拾夢設計工作室
行 銷 企 劃／呂昕慈

發　行　人／葛永光
總　經　理／涂喜敏
出　版　者／張老師文化事業股份有限公司 Living Psychology Publishers Co.
　　　　　　100 臺北市中正區重慶南路一段 66-1 號 3 樓
　　　　　　電話：(02)2369-7959　　傳真：(02)2363-7110
　　　　　　讀者服務 Email：sales@lppc.com.tw
　　　　　　網址：https://www.lppc.com.tw/（張老師雲平台）

Ｉ Ｓ Ｂ Ｎ／978-626-99237-4-8
定　　　價／450 元
初 版 1 刷／2025 年 06 月

法 律 顧 問／林廷隆律師
排　　　版／拾夢設計工作室
印　　　製／大亞彩色印刷製版股份有限公司

※ 書中所提家庭、人物皆經改寫，如有雷同，實屬巧合

＊如有缺頁、破損、倒裝，請寄回更換　＊版權所有・翻印必究　Printed in Taiwan